VENDRE SON BIEN

SEUL

par
Bertrand Six

Avertissements

Les éléments contenus dans ce livre ne sont pas des conseils en investissements financiers ou immobiliers personnalisés mais sont uniquement le partage de l'expérience de Bertrand Six. L'Auteur ne peut donc en aucun cas être tenu responsable de vos choix d'investissements. Afin de recevoir un conseil en investissement personnalisé, prenez contact avec un professionnel.

TABLE DES MATIÈRES

1. Introduction   7

2. Évaluation de la valeur de votre bien immobilier

Les facteurs de prix   11
Les outils en ligne   28
Faire expertiser son bien   35

3. Préparation de son bien pour la vente   39

Nettoyer et réparer   39
Dépersonnaliser   41

4. Marketing de votre propriété   49

Les sites immobiliers   49
Les réseaux sociaux   52
Rédiger son annonce   55
Le rôle des photos   57
Promotion en personne   60

5. Gestion des visites et des négociations   63

Connaître le bien et se préparer aux questions   63
Organiser la visite   70
L'art de la négociation   71

6. Les offres   75

Gestion des offres d'achats   75
Le compromis : contenu, conditions suspensives, etc.

7. La vente définitive   88

Importance de la vente définitive   88
Les étapes   92

8. Conclusion   103

Chapitre 1: Introduction

En France, les frais d'une agence immobilière sont très élevés (de 3 à 8 % du prix du bien en règle générale). Un particulier qui souhaite vendre sa maison ou son appartement s'interroge donc forcément sur l'utilité d'un intermédiaire pour vendre son logement. Les frais d'une agence immobilière viendront augmenter le prix d'achat de votre bien, ce qui le rendra moins attractif pour les acquéreurs face aux autres biens à vendre, même s'il peut négocier les frais. Nous avons donc une des raisons principales à gérer soit même la vente : vendre plus chère !

Il est important que chaque chapitre puisse être lu de manière indépendante pour permettre aux lecteurs de trouver facilement l'information qu'ils recherchent à chaque étape du processus de vente. Par conséquent, il est possible que dans certains chapitres des informations soient répétées afin d'assurer la compréhension du lecteur. Cette redondance peut sembler inutile pour les lecteurs qui ont déjà lu les chapitres précédents, mais elle est nécessaire pour que chaque chapitre puisse être compris de manière autonome.

De plus vous trouverez tout au long de cet ouvrage des encadrés portant sur des questions bien particulières afin d'apporter un gain de temps au lecteur.

Bonne lecture à tous !

Les frais d'agence immobilière...

Les frais d'agence pris par une agence immobilière sont généralement calculés en pourcentage du prix de vente du bien immobilier. Ce pourcentage peut varier en fonction de différents critères, tels que la région, le type de bien immobilier et le niveau de prestation de l'agence immobilière.

En règle générale, le pourcentage des frais d'agence varie entre 3 % et 8 % du prix de vente du bien immobilier. Ce pourcentage peut être négocié avec l'agence immobilière, en fonction de différents facteurs tels que la valeur du bien, l'état du marché immobilier local et la concurrence entre les agences immobilières.

En ce qui concerne la négociation des frais d'agence, il est important de discuter directement avec l'agent immobilier en charge de la vente du bien. Il est possible de négocier les frais d'agence en argumentant sur différents points tels que la valeur du bien immobilier, les conditions de vente, le délai de vente souhaité, etc. Il est également possible de faire jouer la concurrence en rencontrant plusieurs agences immobilières et en comparant les offres.

Il est cependant important de garder à l'esprit que les frais d'agence sont une rémunération pour le travail de l'agence immobilière et de ses agents.

Il est donc nécessaire de trouver un juste équilibre entre la rémunération de l'agence et le coût supporté par le vendeur.

Mais si vous décidez de vous passer des services de cet intermédiaire vous détenez entre vos mains le bon ouvrage !

Chapitre 2: Évaluation de la valeur de votre bien immobilier

Les facteurs de prix

Le prix d'un bien immobilier peut varier considérablement selon la propriété, en fonction de plusieurs facteurs clés. Lorsque vous achetez une propriété, il est important de comprendre les différents facteurs qui peuvent affecter le prix afin de faire un achat éclairé. Voici les principaux facteurs qui peuvent faire varier le prix d'un bien immobilier selon le propriétaire.

La localisation : La localisation est l'un des facteurs les plus importants qui peuvent faire varier le prix d'un bien immobilier. C'est la première chose que les acheteurs et les locataires considèrent généralement lorsqu'ils cherchent une propriété, car elle peut influencer leur qualité de vie et leur facilité d'accès aux commodités et aux services.

La proximité aux commodités et aux services est l'un des aspects les plus importants de la localisation d'une propriété. Les propriétés situées à proximité de centres commerciaux, de supermarchés, de restaurants, de parcs, de centres de santé et d'écoles sont plus recherchées que celles qui sont éloignées de ces commodités et services.

Les acheteurs et les locataires sont prêts à payer plus cher pour une proximité accrue à ces commodités, car cela peut faciliter leur vie quotidienne et réduire le temps et les coûts liés aux déplacements.

L'accessibilité aux transports en commun est un autre aspect important de la localisation d'une propriété. Les propriétés situées à proximité de stations de métro, de gares ferroviaires ou de lignes de bus sont plus recherchées que celles qui sont éloignées de ces moyens de transport. Cela est dû à la facilité d'accès aux zones urbaines et à la réduction des coûts et des temps de déplacement pour les acheteurs et les locataires.

La proximité aux zones d'affaires et de loisirs est également un aspect important de la localisation d'une propriété. Les propriétés situées à proximité de centres commerciaux, de cinémas, de théâtres, de centres sportifs et de centres culturels sont plus recherchées que celles qui sont éloignées de ces zones. Les acheteurs et les locataires sont prêts à payer plus cher pour une proximité accrue à ces zones, car cela peut améliorer leur qualité de vie et leur permettre de profiter de temps libres et de distractions.

Les propriétés situées dans des quartiers résidentiels cossus sont également très recherchées. Les acheteurs et les locataires sont prêts à payer plus cher pour vivre dans ces quartiers, car ils offrent une qualité de vie élevée, une sécurité accrue et une valeur immobilière stable.

Les quartiers résidentiels cossus sont souvent situés à proximité des zones d'affaires et de loisirs, ce qui les rend encore plus attrayants pour les acheteurs et les locataires.

La proximité aux zones vertes et aux espaces naturels est également un aspect important de la localisation d'une propriété. Les propriétés situées à proximité de parcs, de jardins publics, de forêts et de rivières sont plus recherchées que celles qui sont éloignées de ces espaces verts. Les acheteurs et les locataires sont prêts à payer plus cher pour une proximité accrue à ces zones vertes, car cela peut améliorer leur qualité de vie et leur permettre de se connecter à la nature.

La zone géographique et le dynamisme économique de la région peuvent également faire varier le prix d'une propriété. Les propriétés situées dans des régions économiques dynamiques, avec un fort taux de croissance économique, sont généralement plus chères que celles situées dans des régions économiques peu développées. Les acheteurs et les locataires sont prêts à payer plus cher pour vivre dans une région économique dynamique, car cela peut offrir de meilleures opportunités d'emploi et de croissance économique.

Les infrastructures et les aménagements peuvent également faire varier le prix d'une propriété. Les propriétés situées dans des zones avec une bonne infrastructure, comme des routes, des ponts et des réseaux de transport en commun de qualité, sont généralement plus chères que celles situées dans des zones avec une infrastructure limitée.

Les acheteurs et les locataires sont prêts à payer plus cher pour des propriétés situées dans des zones avec une infrastructure solide, car cela peut faciliter leur vie quotidienne et réduire le temps et les coûts liés aux déplacements.

Rappels sur le marché immobilier : ville vs. campagne.

L'immobilier est un marché qui varie considérablement en fonction de la localisation. En France, les prix de l'immobilier en ville et en campagne varient considérablement. Voici ici exposés quelques principes généraux entre les différences de prix entre l'immobilier en ville et l'immobilier en campagne en France.

Les villes sont des centres économiques, culturels et sociaux où les emplois, les écoles, les magasins, les restaurants, les divertissements et autres commodités sont facilement accessibles. Les villes sont des destinations populaires pour les personnes cherchant à s'installer ou à investir dans l'immobilier en raison de la qualité de vie qu'elles offrent. En raison de la forte demande de logements en ville, les prix de l'immobilier y sont généralement plus élevés.

Les grandes villes de France, telles que Paris, Lyon et Marseille, sont des destinations prisées pour les investisseurs immobiliers en raison de leur statut de centres économiques majeurs et de leurs attractions culturelles et touristiques.

Les prix de l'immobilier dans ces villes peuvent être extrêmement élevés, dépassant souvent des millions d'euros pour les propriétés les plus prestigieuses.

En revanche, l'immobilier en campagne en France est considéré comme plus abordable que celui en ville. Les zones rurales et les villages français offrent une qualité de vie différente de celle des villes, avec des avantages tels que des espaces verts, une vie plus calme et une meilleure qualité de l'air. Cependant, les zones rurales peuvent manquer de commodités telles que les écoles, les transports publics et les centres commerciaux, ce qui peut dissuader certains acheteurs.

Les facteurs qui influencent les prix de l'immobilier en ville et en campagne en France sont différents. Les prix de l'immobilier en ville sont principalement influencés par la forte demande de logements, le coût des terrains, la disponibilité des biens et la proximité des commodités. Les prix de l'immobilier en campagne sont influencés par la distance de la ville la plus proche, la disponibilité des terrains, la taille de la propriété et l'état du marché immobilier local.

Les prix de l'immobilier en ville et en campagne varient également en fonction de la taille de la propriété. Les maisons en ville sont souvent plus petites que celles en campagne en raison de la rareté de l'espace disponible.

Les maisons en ville sont également souvent plus anciennes et nécessitent plus de rénovations que les maisons en campagne.

Dans les grandes villes de France, les appartements sont souvent plus populaires que les maisons en raison de leur emplacement central et de leur accessibilité aux commodités de la ville. Les appartements en ville ont également tendance à être plus petits que les maisons en campagne et, par conséquent, moins chers. En revanche, les maisons en campagne offrent généralement plus d'espace et de tranquillité pour un prix moins élevé que les maisons en ville.

Les différences de prix entre l'immobilier en ville et en campagne en France peuvent également varier en fonction de la région. La région Île-de-France, qui comprend Paris et ses environs, est la région la plus chère pour l'immobilier en France. Les prix de l'immobilier en Île-de-France sont en moyenne deux fois plus élevés que dans le reste du pays, avec des prix moyens d'environ 10 000 euros par mètre carré à Paris. Les villes de la région, telles que Versailles, Neuilly-sur-Seine et Boulogne-Billancourt, sont également connues pour être parmi les plus chères de France.

La région Provence-Alpes-Côte d'Azur, dans le sud-est de la France, est également une région où les prix de l'immobilier sont élevés.

Cette région comprend des villes populaires telles que Nice, Cannes et Marseille, ainsi que de nombreuses zones rurales et côtières prisées pour les résidences secondaires. Les prix de l'immobilier dans cette région varient considérablement en fonction de l'emplacement, avec des prix moyens allant de 3 000 à 10 000 euros par mètre carré.

Les régions rurales de France, telles que la Normandie, le Limousin et l'Auvergne, offrent souvent des prix de l'immobilier plus abordables que les grandes villes et les régions côtières. Les maisons en pierre rustiques et les fermes à rénover sont populaires dans ces régions, offrant aux acheteurs la possibilité de posséder une propriété de caractère à un prix abordable.

Cependant, l'immobilier en campagne en France n'est pas toujours abordable. Certaines régions rurales, telles que la Dordogne et la Provence, sont connues pour être chères en raison de leur attractivité touristique et de l'offre limitée de propriétés.

Les prix de l'immobilier en ville et en campagne en France ont également été influencés par la pandémie de COVID-19. Depuis le début de la pandémie, de nombreux Français ont cherché à quitter les villes pour des zones plus rurales et moins densément peuplées. Cette tendance a entraîné une augmentation de la demande d'immobilier en campagne, ce qui a entraîné une augmentation des prix dans certaines régions rurales.

En revanche, la pandémie a également eu un impact négatif sur l'immobilier en ville. De nombreux acheteurs potentiels ont été dissuadés par les restrictions de voyage, l'incertitude économique et la nécessité de travailler à domicile. Cette baisse de la demande a entraîné une baisse des prix de l'immobilier dans certaines villes, notamment Paris.

État de la propriété : Le paramètre de l'état de la propriété joue un rôle crucial dans la détermination du prix d'un bien immobilier. Il désigne l'état général d'un bien, allant de son état d'origine à son état actuel. Ce paramètre peut influencer considérablement le prix d'un bien immobilier et il est donc important de le comprendre pour évaluer correctement la valeur d'un bien immobilier.

L'état de la propriété peut être divisé en plusieurs sous-paramètres, tels que l'état général de la propriété, l'état des équipements et des installations, l'état de l'aménagement intérieur et extérieur, l'état des systèmes électriques et de plomberie, et l'état de la toiture. Chacun de ces sous-paramètres peut avoir un impact sur le prix d'un bien immobilier, et il est donc important de les examiner de manière détaillée.

L'état général de la propriété est un facteur très important dans la détermination du prix d'un bien immobilier. Cela inclut le niveau d'entretien général de la propriété, ainsi que l'état de la peinture, des sols et des murs. Si la propriété est bien entretenue, cela peut faire augmenter son prix, tandis qu'un état général dégradé peut faire baisser son prix.

L'état des équipements et installations est un autre facteur qui peut influencer le prix d'un bien immobilier. Cela inclut l'état des équipements de cuisine, tels que les appareils ménagers, les équipements de climatisation et de chauffage, et les systèmes de sécurité. Si les équipements et installations sont en bon état et fonctionnent correctement, cela peut faire augmenter le prix d'un bien immobilier, tandis qu'un état dégradé peut faire baisser son prix.

L'état de l'aménagement intérieur et extérieur peut également avoir un impact sur le prix d'un bien immobilier. Cela inclut l'état des jardins, des terrains de jeu et des piscines, ainsi que l'état des chambres, des salles de bains et des salons. Si l'aménagement intérieur et extérieur est bien entretenu, cela peut faire augmenter le prix d'un bien immobilier, tandis qu'un état dégradé peut faire baisser son prix.

L'état des systèmes électriques et de plomberie est également un facteur important dans la détermination du prix d 'un bien immobilier. Les systèmes électriques et de plomberie sont des composants clés de tout bâtiment, et il est important qu'ils fonctionnent correctement. Si les systèmes électriques et de plomberie sont en bon état, cela peut faire augmenter le prix d'un bien immobilier, tandis qu'un état dégradé peut faire baisser son prix.

Enfin, l'état de la toiture peut également avoir un impact sur le prix d'un bien immobilier. La toiture protège la propriété des intempéries et des dégâts causés par la pluie, la neige et le vent, et il est donc important qu'elle soit en bon état.

Si la toiture est en bon état, cela peut faire augmenter le prix d'un bien immobilier, tandis qu'un état dégradé peut faire baisser son prix.

En conclusion, l'état de la propriété est un facteur crucial dans la détermination du prix d'un bien immobilier. Chaque sous-paramètre, tels que l'état général de la propriété, l'état des équipements et installations, l'état de l'aménagement intérieur et extérieur, l'état des systèmes électriques et de plomberie, et l'état de la toiture, peut influencer considérablement le prix d'un bien immobilier. Il est donc important de les examiner attentivement pour évaluer correctement la valeur d'un bien immobilier.

Taille de la propriété : La taille d'une propriété peut considérablement influencer son prix. Cet article explique les raisons pour lesquelles la taille peut faire varier le prix d'un bien immobilier, et comment les propriétaires peuvent en tenir compte dans leur décision d'achat ou de vente.

En général, plus une propriété est grande, plus son prix sera élevé. Cela s'explique principalement par la demande du marché. Les acheteurs recherchent souvent de grands espaces pour loger leur famille et leurs biens, ainsi que pour jouir d'une plus grande qualité de vie. Les propriétés plus grandes offrent donc souvent une valeur ajoutée pour les acheteurs, ce qui peut faire augmenter leur prix.

Cependant, il est important de noter que la taille n'est pas le seul facteur à prendre en compte.

D'autres facteurs, tels que la localisation, les équipements et installations, l'état de la propriété, etc., peuvent également influencer considérablement le prix. Par exemple, une propriété grande située dans une zone peu désirable peut avoir un prix inférieur à une propriété plus petite située dans une zone recherchée.

En outre, la taille de la propriété peut également influencer les coûts de maintenance et d'entretien. Les propriétés plus grandes nécessitent souvent plus de travail pour les entretenir, ce qui peut faire augmenter les coûts pour les propriétaires. Par conséquent, il est important pour les propriétaires de prendre en compte les coûts associés à l'entretien et à la maintenance de leur propriété lorsqu'ils décident de l'acheter ou de la vendre.

Enfin, il est également important de noter que la taille de la propriété peut influencer les impôts fonciers. Les propriétés plus grandes sont souvent assujetties à des impôts fonciers plus élevés, ce qui peut faire augmenter les coûts pour les propriétaires. Les propriétaires peuvent donc tenir compte de cet aspect lorsqu'ils décident de l'acheter ou de la vendre.

En conclusion, la taille de la propriété est un facteur important qui peut faire varier le prix d'un bien immobilier. Les propriétaires peuvent en tenir compte dans leur décision d'achat ou de vente en prenant en compte les aspects de la demande du marché, de la localisation, des équipements et installations, de l'état de la propriété, des coûts de maintenance et d'entretien, et des impôts fonciers.

En faisant une évaluation approfondie de tous ces facteurs, les propriétaires peuvent prendre une décision éclairée quant à la valeur de leur propriété et à sa pertinence pour leur situation financière.

Il est également important de souligner que la taille de la propriété peut être un facteur clé pour les investisseurs immobiliers. Les investisseurs cherchent souvent à acheter des propriétés de grande taille pour obtenir un rendement sur investissement élevé et pour diversifier leur portefeuille immobilier. Cependant, il est crucial pour les investisseurs de prendre en compte les coûts associés à la location d'une propriété plus grande, tels que les coûts de maintenance et d'entretien plus élevés et les impôts fonciers plus élevés.

En fin de compte, la taille de la propriété est un élément important à considérer lors de la décision d'achat ou de vente d'un bien immobilier. Les propriétaires et les investisseurs doivent évaluer les avantages et les inconvénients de la taille de leur propriété pour déterminer s'il s'agit d'un bon investissement pour eux. En utilisant ces informations, les propriétaires et les investisseurs peuvent être en mesure de maximiser leur retour sur investissement et de faire des choix éclairés quant à la valeur de leur propriété.

Nombre de chambres et de salles de bain : Le nombre de chambres et de salles de bains dans une propriété immobilière peut avoir un impact considérable sur sa valeur et son coût.

Ce facteur est souvent pris en compte par les acheteurs potentiels et les investisseurs immobiliers dans leur processus de décision.

Tout d'abord, il est important de souligner que le nombre de chambres et de salles de bains peut affecter la faisabilité d'une propriété pour les acheteurs potentiels. Les acheteurs qui cherchent une propriété pour une famille nombreuse ou qui souhaitent recevoir des invités fréquemment peuvent être à la recherche de propriétés avec un nombre suffisant de chambres et de salles de bains. En revanche, les acheteurs qui ne nécessitent qu'un espace de vie limité peuvent être moins intéressés par les propriétés avec de nombreuses chambres et salles de bains.

De plus, le nombre de chambres et de salles de bains peut également affecter les coûts d'entretien et de maintenance d'une propriété. Les propriétés avec un nombre important de chambres et de salles de bains peuvent nécessiter un entretien supplémentaire, ce qui peut entraîner des coûts supplémentaires pour les propriétaires. Par exemple, les coûts de nettoyage peuvent être plus élevés pour les propriétés avec de nombreuses chambres et salles de bains en raison de la nécessité de nettoyer plus d'espaces.

En outre, le nombre de chambres et de salles de bains peut également affecter la rentabilité d'une propriété pour les investisseurs immobiliers.

Les propriétés avec un nombre important de chambres et de salles de bains peuvent offrir un rendement sur investissement plus élevé pour les investisseurs, car elles peuvent être louées à des tarifs plus élevés que les propriétés avec un nombre limité de chambres et de salles de bains. Cependant, il est important pour les investisseurs de prendre en compte les coûts supplémentaires associés à l'entretien et à la maintenance de ces propriétés plus grandes.

Euh, salle d'eau ou salle de bain ?

Lorsqu'on parle d'une maison ou d'un appartement, l'une des pièces les plus importantes est la salle d'eau ou la salle de bain. Bien que ces deux termes soient souvent utilisés de manière interchangeable, il y a en fait une différence significative entre eux.

La salle d'eau est une pièce qui ne contient généralement qu'une douche, un lavabo et un WC. Il s'agit d'une petite pièce d'eau qui n'est pas conçue pour prendre des bains, mais plutôt pour une utilisation rapide et pratique. En général, la salle d'eau est plus petite que la salle de bain et est souvent intégrée dans une chambre à coucher ou dans un couloir.

La salle de bain, en revanche, est une pièce plus grande et plus complète qui comprend un bain, une douche, un lavabo et un WC.

Contrairement à la salle d'eau, la salle de bain est conçue pour des utilisations plus longues et plus confortables, telles que prendre un bain relaxant ou se préparer pour une soirée.

Il est important de noter que le choix entre une salle d'eau et une salle de bain dépend des besoins et des préférences de chacun. Si l'espace est limité, une salle d'eau peut être une solution pratique pour économiser de l'espace tout en offrant les équipements de base pour se laver. D'un autre côté, si l'espace n'est pas un problème et que l'on souhaite se détendre et profiter d'un bain confortable, une salle de bain complète est la solution idéale.

En termes de vocabulaire, il est important de noter que la salle d'eau est souvent appelée "salle de douche" ou "toilette de bain", tandis que la salle de bain est appelée "salle de bain complète" ou simplement "salle de bain". Il existe également des variantes de ces deux types de pièces, comme la salle de bain avec douche et baignoire séparées, ou la salle d'eau avec WC suspendu.

La demande du marché : La demande du marché est l'un des facteurs les plus importants qui peut faire varier le prix d'un bien immobilier d'un propriétaire. Elle est influencée par de nombreux facteurs tels que l'emplacement, les conditions économiques, la population et les tendances du marché. C'est un indicateur de la quantité de biens immobiliers qui sont recherchés par les acheteurs potentiels, ce qui peut avoir un impact considérable sur le prix d'une propriété.

L'emplacement, déjà évoqué précédemment, est l'un des facteurs les plus importants qui peut influencer la demande du marché. Les propriétés situées dans des zones à forte demande telles que les centres-villes, les quartiers résidentiels haut de gamme et les zones avec des écoles de qualité peuvent avoir une demande plus élevée, ce qui peut entraîner des prix plus élevés pour ces propriétés. À l'inverse, les propriétés situées dans des zones à faible demande telles que les zones rurales et les zones industrielles peuvent avoir une demande plus faible et donc des prix plus bas.

Les conditions économiques peuvent également influencer la demande du marché. Lorsque l'économie est en bonne santé, il y a généralement une augmentation de la demande pour les propriétés immobilières, ce qui peut entraîner une augmentation des prix. D'un autre côté, lorsque l'économie est en difficulté, il peut y avoir une baisse de la demande pour les propriétés immobilières, ce qui peut entraîner une baisse des prix. Les acheteurs potentiels et les investisseurs immobiliers doivent prendre en compte les conditions économiques pour déterminer s'ils souhaitent acheter ou investir dans une propriété à un moment donné.

La population peut également influencer la demande du marché. Lorsque la population d'une région augmente, il y a généralement une augmentation de la demande pour les propriétés immobilières, ce qui peut entraîner une augmentation des prix.

D'un autre côté, lorsque la population d'une région diminue, il peut y avoir une baisse de la demande pour les propriétés immobilières, ce qui peut entraîner une baisse des prix. Les acheteurs potentiels et les investisseurs immobiliers doivent prendre en compte les tendances démographiques pour déterminer s'ils souhaitent acheter ou investir dans une propriété dans une région donnée.

Enfin, les tendances du marché peuvent également influencer la demande du marché. Les tendances peuvent inclure les types de propriétés qui sont populaires à un moment donné, ainsi que les prix moyens dans certaines régions. Par exemple, les propriétés avec des caractéristiques uniques telles que des piscines, des jardins privés ou des vues imprenables peuvent être très recherchées, ce qui peut entraîner une augmentation de leur prix. De même, les propriétés situées dans des régions à forte demande telles que les grandes villes peuvent avoir des prix plus élevés en raison de la forte demande. Les acheteurs potentiels et les investisseurs immobiliers doivent être conscients des tendances du marché pour déterminer s'ils souhaitent acheter ou investir dans une propriété à un moment donné.

En résumé, la demande du marché est un facteur crucial qui peut faire varier le prix d'un bien immobilier d'un propriétaire. Elle est influencée par de nombreux facteurs tels que l'emplacement, les conditions économiques, la population et les tendances du marché. Les acheteurs potentiels et les investisseurs immobiliers doivent prendre en compte ces facteurs pour déterminer s'ils souhaitent acheter ou investir dans une propriété à un moment donné.

En fin de compte, la compréhension de la demande du marché peut aider les propriétaires immobiliers à mieux comprendre les tendances du marché et à prendre des décisions éclairées en matière d'investissement immobilier.

Les outils en ligne

L'évaluation de la valeur de son bien immobilier est un aspect important pour tout propriétaire souhaitant vendre son logement en France. Cependant, l'embauche d'un expert en évaluation peut être coûteuse et prendre beaucoup de temps. Heureusement, il existe aujourd'hui de nombreux outils en ligne qui permettent aux propriétaires de faire une première estimation de la valeur de leur bien immobilier sans avoir à faire appel à un expert.

Voici une liste des sites les plus populaires en France pour évaluer sa propriété en ligne :

MeilleursAgent : MeilleursAgent est un site web français qui offre aux propriétaires la possibilité d'évaluer en ligne la valeur de leur bien immobilier. Le site utilise une technologie avancée pour fournir des évaluations fiables et précises de la valeur de votre bien immobilier, en utilisant des algorithmes complexes et en prenant en compte de nombreux facteurs tels que la localisation, les caractéristiques de la propriété et les tendances du marché immobilier local.

Pour évaluer la valeur de votre bien immobilier avec MeilleursAgent, vous devez d'abord vous inscrire sur le site. Une fois que vous êtes connecté, vous serez invité à fournir des informations détaillées sur votre propriété, telles que son emplacement, sa taille, ses caractéristiques et ses améliorations. Vous devrez également fournir des informations sur les propriétés similaires vendues récemment dans votre région, qui seront utilisées pour ajuster l'évaluation de votre bien immobilier.

L'algorithme de MeilleursAgent utilise ensuite ces informations pour évaluer la valeur de votre bien immobilier en prenant en compte les tendances du marché immobilier local, les prix des propriétés similaires vendues récemment et les caractéristiques uniques de votre propriété. Le résultat final est une évaluation précise et fiable de la valeur de votre bien immobilier, qui peut vous aider à déterminer le prix de vente ou de location adéquat pour votre propriété.

MeilleursAgent offre également une variété d'outils supplémentaires pour vous aider à évaluer la valeur de votre bien immobilier, tels que des comparateurs de prix, des analyses de marché et des guides d'experts. En utilisant ces outils en ligne, vous pouvez avoir une vue complète de la valeur de votre bien immobilier et prendre des décisions informées sur le prix de vente ou de location de votre propriété.

SeLoger : SeLoger est un site web français populaire pour la recherche de biens immobiliers. Outre les fonctionnalités de recherche standard, SeLoger propose également un outil en ligne pour évaluer la valeur de votre bien immobilier. Ce service est accessible gratuitement à tous les utilisateurs enregistrés sur le site.

Pour utiliser l'outil d'évaluation de SeLoger, vous devez d'abord vous inscrire sur le site. Une fois que vous êtes connecté, vous pouvez accéder à l'outil en ligne en cliquant sur l'onglet "Évaluer ma propriété". Vous serez invité à fournir des informations détaillées sur votre propriété, telles que son emplacement, sa taille, ses caractéristiques et ses améliorations.

L'algorithme de SeLoger utilise ensuite ces informations pour évaluer la valeur de votre bien immobilier en utilisant des données sur le marché immobilier local, y compris les prix des propriétés similaires vendues récemment. L'outil prend en compte de nombreux facteurs tels que la localisation, la taille de la propriété, les caractéristiques de la propriété et les tendances du marché immobilier local pour générer une évaluation précise de la valeur de votre bien immobilier.

L'outil d'évaluation de SeLoger vous fournit également des informations sur les tendances du marché immobilier local, telles que les prix des propriétés similaires vendues récemment, ce qui vous permet de prendre des décisions informées sur le prix de vente ou de location de votre propriété.

Vous pouvez également utiliser ces informations pour mieux comprendre le marché immobilier local et déterminer la meilleure stratégie pour vendre ou louer votre propriété.

Immobilier.notaires.fr : Immobilier.notaires.fr est un site web français qui propose une plateforme en ligne pour la recherche de biens immobiliers et pour l'évaluation de la valeur de votre bien immobilier. Ce site est géré par la Chambre des Notaires de France et est considéré comme une source fiable pour les informations sur le marché immobilier français.

Pour utiliser l'outil d'évaluation de Immobilier.notaires.fr, vous devez vous inscrire sur le site en fournissant des informations de base sur votre nom et votre adresse e-mail. Une fois que vous êtes enregistré, vous pouvez accéder à l'outil en ligne en cliquant sur l'onglet "Évaluation de la propriété". Vous serez invité à fournir des informations détaillées sur votre propriété, telles que son emplacement, sa taille, ses caractéristiques et ses améliorations.

L'outil d'évaluation de Immobilier.notaires.fr utilise ces informations pour générer une évaluation de la valeur de votre bien immobilier. L'algorithme tient compte de nombreux facteurs là encore, tels que la localisation, la taille de la propriété, les caractéristiques de la propriété et les tendances du marché immobilier local, pour déterminer la valeur de votre bien immobilier.

Une fois que vous avez accédé à l'évaluation de votre bien immobilier, vous pouvez également accéder à des informations détaillées sur le marché immobilier local, y compris les prix des propriétés similaires vendues récemment, ce qui vous permet de prendre des décisions informées sur le prix de vente ou de location de votre propriété.

L'un des avantages de l'utilisation de Immobilier.notaires.fr pour évaluer la valeur de votre bien immobilier est que le site est géré par la Chambre des Notaires de France. Les notaires sont des professionnels immobiliers formés et qualifiés, ce qui garantit que les informations fournies sur le site sont précises et fiables. De plus, les notaires ont accès à des données à jour sur le marché immobilier local, ce qui vous assure que l'évaluation de votre bien immobilier est basée sur les dernières informations disponibles.

Century 21 : Century 21 est une agence immobilière en ligne qui offre des services de vente, de location et de gestion de biens immobiliers. L'un des services les plus populaires de Century 21 est la capacité d'évaluer en ligne le prix d'un bien immobilier.

L'évaluation en ligne de Century 21 utilise une combinaison de données sur le marché immobilier local, la situation géographique du bien immobilier, la qualité et les caractéristiques du bien, ainsi que des comparaisons avec des propriétés similaires récemment vendues ou actuellement en vente.

Pour commencer l'évaluation en ligne, vous devez entrer des informations de base sur votre propriété, telles que l'adresse, le type de propriété, la taille et le nombre de chambres à coucher. Vous pouvez également fournir des informations supplémentaires sur les caractéristiques spéciales de votre propriété, telles que les installations, les aménagements extérieurs et les mises à niveau.

Une fois que vous avez entré ces informations, l'outil d'évaluation en ligne de Century 21 utilisera ces données pour créer une estimation du prix de votre propriété. Cette estimation est basée sur les comparaisons avec des propriétés similaires dans votre région, ainsi que sur les tendances du marché immobilier local.

En utilisant les informations et les outils fournis par Century 21, vous pouvez être mieux informé lorsque vous vendez ou achetez une propriété, et vous pouvez être en mesure de prendre des décisions plus éclairées sur le marché immobilier.

Leboncoin : Le site Leboncoin est un site de petites annonces en ligne en France, qui permet aux utilisateurs de vendre et d'acheter des articles de toutes sortes, y compris des biens immobiliers. Il est facile à utiliser et offre une plateforme accessible pour les particuliers qui souhaitent vendre ou acheter des biens sans avoir à passer par des agents immobiliers ou des courtiers. Pour vendre un bien immobilier sur Leboncoin, il suffit de créer une annonce en fournissant des informations détaillées sur le bien, telles que la localisation, la superficie, les caractéristiques, les photos et le prix demandé.

Les acheteurs intéressés peuvent alors contacter le vendeur directement via le site pour obtenir plus d'informations ou pour organiser une visite.

Il peut être difficile d'évaluer correctement le prix d'un bien immobilier en ligne, car il existe de nombreux facteurs à prendre en compte, tels que l'emplacement, l'état général de la propriété, les caractéristiques et les équipements, etc. Cependant, il existe plusieurs astuces pour aider à évaluer le prix d'un bien immobilier sur Leboncoin :

- Comparez les annonces similaires : Il est important de faire des recherches sur les annonces similaires en termes de localisation, de taille et de caractéristiques pour obtenir une idée du marché. Cela peut vous aider à déterminer si le prix demandé pour votre bien est raisonnable ou non.
- Créer une fausse : Voici une astuce utilisée de beaucoup et pourtant peu avouée. Créez une fausse annonce mais cohérente, reprenant les grandes lignes de votre vraie annonce à venir. Vous pourrez trouver des photos libres de droit des sites de banques de photos pour illustrer votre annonce. Il vous sera alors très vite possible d'évaluer si vous avez des demandes de visites pour le prix choisi.

Il est également important de se rappeler que le prix demandé pour un bien immobilier peut varier en fonction de la saison. Par exemple, les prix peuvent être plus élevés pendant la saison estivale lorsque la demande est plus forte, alors qu'ils peuvent être plus faibles pendant la saison hivernale.

En fin de compte, évaluer le prix d'un bien immobilier sur Leboncoin nécessite une combinaison de recherche, de comparaison et de bon sens. En utilisant ces astuces et en tenant compte des facteurs clés, vous pouvez être en mesure de déterminer un prix raisonnable pour votre bien immobilier sur Leboncoin.

Faire expertiser son bien

L'une des options les plus courantes est de faire appel à un agent immobilier ou à un notaire pour effectuer une évaluation. Cependant, il est important de comprendre que faire évaluer votre bien par un agent immobilier ou un notaire ne signifie pas que vous êtes obligé de confier la vente de votre propriété à cette personne ou cette entreprise. Vous avez le choix de vendre votre bien vous-même ou de faire appel à une autre entreprise pour vous aider à vendre votre propriété.

Lorsque vous faites appel à un agent immobilier ou à un notaire pour faire évaluer votre bien, ils utiliseront leur expertise et leur connaissance du marché immobilier local pour déterminer la valeur de votre propriété. Ils prendront en compte les facteurs propres au bien cités précédemment (tels que l'emplacement, l'état général de la propriété, les caractéristiques et les équipements), ainsi que les tendances du marché immobilier local pour déterminer une valeur estimative de votre bien. L'avantage de faire appel à un agent immobilier ou à un notaire pour évaluer votre bien est qu'ils ont une connaissance approfondie du marché immobilier local et peuvent vous donner une idée précise de la valeur de votre propriété.

Ils peuvent également vous aider à comprendre les facteurs qui peuvent influencer le prix de votre bien et comment les tendances du marché peuvent affecter la valeur de votre propriété.

Lorsque vous faites appel à un agent immobilier pour évaluer votre bien, il est important de faire appel à plusieurs agents différents pour obtenir une idée plus précise de la valeur de votre propriété. En comparant les évaluations obtenues auprès de différents agents, vous pouvez avoir une idée plus précise de la valeur de votre bien et être en mesure de déterminer un prix demandé raisonnable.

De plus, il est important de comprendre que les agents immobiliers et les notaires peuvent avoir des intérêts différents de ceux du vendeur. Par exemple, un agent immobilier peut être plus intéressé par la rapidité de la vente plutôt que par le prix le plus élevé pour le vendeur, tandis que les notaires peuvent avoir un intérêt à maintenir un certain niveau de prix pour les propriétés dans une région donnée, afin de maintenir la stabilité du marché immobilier local. Il est donc important de comprendre les différents intérêts en jeu lorsque vous faites appel à un agent immobilier ou à un notaire pour faire évaluer votre bien.

Il est également important de prendre en compte les coûts associés à l'évaluation d'un bien immobilier par un agent immobilier ou un notaire. Bien que parfois gratuite, les coûts de l'évaluation peuvent varier en fonction de la région et de la complexité de cette dernière, ils peuvent représenter un coût important pour le vendeur.

En fin de compte, l'évaluation d'un bien immobilier par un agent immobilier ou un notaire peut être un moyen précieux d'obtenir une idée précise de la valeur de votre propriété. Cependant, il est important de comprendre que cette évaluation n'est qu'une estimation et que le prix final de votre bien dépendra du marché local et de la demande pour votre propriété.

En conclusion, si vous souhaitez faire évaluer votre bien immobilier, il est important de comprendre les différentes options disponibles, les coûts potentiels associés à cette évaluation et les différents intérêts en jeu. En prenant le temps de comprendre ces différents facteurs, vous serez en mesure de prendre une décision éclairée quant à la façon de faire évaluer votre bien immobilier.

Chapitre 3: Préparation de son bien pour la vente

Nettoyer et réparer

Lorsque vous êtes sur le point de vendre votre propriété, il est important de la présenter sous son meilleur jour. Cela signifie généralement qu'il faut nettoyer, réparer et améliorer certaines choses pour maximiser la valeur de votre bien immobilier. Si vous ne savez pas par où commencer, ne vous inquiétez pas ! Ce guide vous donnera les informations nécessaires pour nettoyer et réparer votre propriété de manière simple et efficace.

Nettoyez à fond : Le nettoyage est l'une des étapes les plus importantes pour préparer votre propriété à la vente. Il est important de faire briller votre maison de la cave au grenier pour qu'elle attire l'attention des acheteurs potentiels. Voici quelques astuces pour un nettoyage en profondeur:

- Nettoyez les sols, les murs et les plafonds pour éliminer la poussière et les traces de doigts.
- Nettoyez les fenêtres et les miroirs pour laisser entrer la lumière naturelle.
- Nettoyez les placards, les tiroirs et les étagères pour éliminer les articles inutiles et organiser ce qui reste.
- Nettoyez les appareils ménagers, comme le réfrigérateur et le four, pour les faire briller.

- Nettoyez les taches sur les moquettes et les tapis pour les faire ressortir.
- Nettoyez les salles de bain pour éliminer la moisissure et les mauvaises odeurs.

Réparez les bricoles : Après le nettoyage, il est temps de passer à la réparation des bricoles. Les petites réparations peuvent faire une grande différence dans l'apparence générale de votre maison. Voici quelques réparations courantes à considérer:

- Remplacez les ampoules grillées dans toute la maison.
- Réparez les fuites d'eau et les robinets qui fuient.
- Remplacez les poignées de porte et les charnières rouillées.
- Réparez les trous dans les murs et les plafonds.
- Remplacez les tapis usés et les moquettes tachées.
- Réparez les fissures dans les plafonds et les murs.

Améliorez l'apparence générale : Enfin, il est temps d'améliorer l'apparence générale de votre maison pour la rendre plus attrayante pour les acheteurs potentiels. Voici quelques astuces pour améliorer l'apparence de votre propriété:

- Peignez les murs en mauvaises états ou très colorés dans des couleurs neutres pour donner un aspect plus moderne et plus spacieux à chaque pièce.
- Mettez en valeur les caractéristiques de la maison, comme les plafonds hauts, les cheminées, etc.

- Éclairage d'ambiance : mettez en place un éclairage tamisé pour créer une atmosphère intime et accueillante.
- Débarrassez-vous des articles encombrants pour libérer de l'espace et montrer la capacité de rangement de chaque pièce.

En suivant ces étapes, vous pouvez nettoyer, réparer et améliorer votre propriété pour la présenter sous son meilleur jour. N'oubliez pas que les petits détails peuvent faire une grande différence, alors soyez attentif à tout ce qui peut être amélioré pour maximiser la valeur de votre bien immobilier.

Dépersonnaliser

Vendre son bien immobilier peut être un processus stressant et émotionnellement chargé, surtout si vous avez passé beaucoup de temps à la décorer et à la personnaliser. Cependant, pour maximiser les chances de vendre rapidement et à un bon prix, il est souvent nécessaire de dépersonnaliser votre propriété.

La dépersonnalisation consiste à enlever tout ce qui est personnel et spécifique à vous et à votre famille, afin que les acheteurs potentiels puissent se projeter dans la propriété et visualiser leur vie future là-bas. En gros, vous voulez que la maison ressemble à un modèle vide, plutôt qu'à un foyer vivant et habité.

Voici comment dépersonnaliser votre propriété pour mieux la vendre :

Enlevez les photos personnelles : Les photos de votre famille et de vos amis peuvent être très personnelles et peuvent distraire les acheteurs potentiels de la propriété elle-même. Enlevez les cadres photo de la maison et rangez-les soigneusement pour les protéger.

Débarrassez-vous des souvenirs personnels : Les objets décoratifs, tels que les trophées, les médailles et les collections, peuvent également être très personnels et peuvent détourner l'attention des acheteurs potentiels de la propriété. Rangez-les soigneusement pour les protéger.

Peignez les murs dans des couleurs neutres : Nous l'avons déjà évoqué auparavant les couleurs vives et les motifs peuvent être très personnels et peuvent ne pas plaire à tout le monde. Peignez les murs dans des couleurs neutres telles que le blanc, le gris ou le beige pour donner à chaque pièce un aspect plus spacieux et plus moderne.

Enlevez les éléments de décoration inhabituels : Les éléments de décoration inhabituels, tels que les stickers de mur, les stickers de fenêtre et les autocollants de porte, peuvent également être très personnels et peuvent distraire les acheteurs potentiels de la propriété. Enlevez-les soigneusement pour ne pas endommager la surface.

Nettoyez et rangez les armoires et les placards : Les armoires et les placards peuvent être très personnels et peuvent donner aux acheteurs potentiels une idée de la façon dont vous vivez et rangez vos affaires.

Nettoyez-les soigneusement et rangez-les de manière ordonnée pour donner à chaque pièce un aspect plus spacieux et plus organisé.

Enlevez les meubles encombrants : Les meubles encombrants peuvent faire paraître les pièces plus petites et plus encombrées qu'elles ne le sont réellement. Enlevez les meubles encombrants et rangez-les soigneusement pour donner à chaque pièce un aspect plus spacieux.

Rangez les jouets et les articles pour enfants : Les jouets et les articles pour enfants peuvent être très personnels et peuvent détourner l'attention des acheteurs potentiels de la propriété. Rangez-les soigneusement pour les protéger et pour donner à chaque pièce un aspect plus rangé et plus organisé.

Enlevez les plantes en pot : Les plantes en pot peuvent être très personnelles et peuvent détourner l'attention des acheteurs potentiels de la propriété. Enlevez les plantes en pot et rangez-les soigneusement pour les protéger.

Éliminez les odeurs personnelles : Les odeurs personnelles, telles que les odeurs de cuisine, les odeurs de tabac et les odeurs d'animaux domestiques, peuvent détourner l'attention des acheteurs potentiels de la propriété. Assurez-vous de nettoyer soigneusement la maison pour éliminer les odeurs personnelles.

Nettoyez et rangez le garage et le jardin : Le garage et le jardin peuvent être très personnels et peuvent détourner l'attention des acheteurs potentiels de la propriété.

Nettoyez et rangez le garage et le jardin pour les rendre plus présentables et plus accueillants.

En conclusion, dépersonnaliser votre propriété peut aider à maximiser les chances de vendre rapidement et à un bon prix. En enlevant tout ce qui est personnel et spécifique à vous et à votre famille, vous pouvez aider les acheteurs potentiels à se projeter dans la propriété et à visualiser leur vie future là-bas.

L'importance des couleurs pour dépersonnaliser

Lorsque vous préparez une maison pour la vente, il est important de dépersonnaliser l'espace pour que les acheteurs potentiels puissent se projeter plus facilement dans leur vie future dans la propriété. Cela implique souvent de retirer des objets personnels tels que des photos de famille, des œuvres d'art uniques et des couleurs vives et audacieuses. Si vous êtes prêt à vendre votre maison et que vous voulez savoir comment dépersonnaliser votre espace, voici quelques conseils utiles pour choisir la bonne couleur pour votre maison.

Lorsque vous essayez de dépersonnaliser une maison, la première chose à faire est de retirer toutes les couleurs vives ou audacieuses des murs et des autres surfaces. Les couleurs vives peuvent être distrayantes et peuvent faire en sorte que les acheteurs potentiels se concentrent sur la couleur plutôt que sur les caractéristiques de la propriété.

Au lieu de cela, vous devriez opter pour des couleurs plus neutres et apaisantes qui permettent aux acheteurs de se concentrer sur la disposition de l'espace et sur les autres fonctionnalités de la propriété.

Lorsque vous choisissez des couleurs neutres pour vos murs, il est important de tenir compte de la lumière naturelle et de l'emplacement de la propriété. Si la propriété est située dans une zone ombragée ou mal éclairée, vous devriez opter pour des couleurs plus claires pour aider à ouvrir l'espace et à le rendre plus lumineux. Si la propriété est située dans une zone bien éclairée ou si elle a beaucoup de fenêtres, vous pouvez opter pour des couleurs plus sombres pour ajouter de la profondeur à la pièce.

Les couleurs neutres telles que le blanc, le beige, le gris clair et le taupe sont les couleurs les plus couramment utilisées pour dépersonnaliser une maison. Ces couleurs sont douces et apaisantes et permettent aux acheteurs potentiels de se projeter plus facilement dans leur vie future dans la propriété. Les couleurs neutres offrent également une toile de fond élégante pour les meubles et les accessoires, ce qui permet aux acheteurs de se concentrer sur les éléments qui resteront dans la propriété après la vente.

Le blanc est une couleur populaire pour dépersonnaliser une maison car il est lumineux, net et frais.

Cette couleur peut aider à agrandir une pièce et à ajouter de la luminosité à l'espace. Cependant, le blanc peut parfois sembler trop froid et impersonnel, il est donc important d'ajouter des touches de couleur et de texture pour ajouter de la chaleur et du caractère à l'espace.

Le beige est une autre couleur populaire pour dépersonnaliser une maison, car elle est douce, chaleureuse et accueillante. Cette couleur peut aider à créer un environnement confortable et détendu dans la maison. Le beige est également facile à assortir avec d'autres couleurs et matériaux, ce qui en fait un choix pratique pour dépersonnaliser une maison.

Le gris clair est une couleur moderne et sophistiquée qui peut aider à donner à la maison une allure élégante et haut de gamme. Cette couleur fonctionne bien dans les espaces modernes et industriels, et peut être associée à des meubles en acier, en bois et en verre pour créer un espace élégant et épuré. Le gris clair peut également aider à mettre en valeur les éléments architecturaux de la propriété, tels que les moulures et les plinthes.

Le taupe est une couleur chaleureuse et sophistiquée qui se situe entre le beige et le gris. Cette couleur est souvent utilisée pour dépersonnaliser une maison car elle peut aider à créer un environnement accueillant et élégant. Le taupe peut être associé à des couleurs plus foncées telles que le brun, le noir et le rouge pour ajouter de la profondeur et de la texture à l'espace.

Lorsque vous choisissez une couleur pour dépersonnaliser votre maison, il est important de tenir compte de la palette de couleurs de la propriété et de l'emplacement de la propriété. Si la propriété est située dans un environnement rural, des couleurs plus chaudes et terreuses comme le beige et le brun peuvent être plus appropriées pour dépersonnaliser la maison. Si la propriété est située dans une zone urbaine, des couleurs plus neutres et modernes comme le gris et le blanc peuvent être plus appropriées.

Il est également important de tenir compte de l'architecture de la propriété et des matériaux utilisés dans la construction de la maison. Si la propriété a des moulures en bois ou d'autres caractéristiques architecturales, des couleurs plus claires peuvent aider à les mettre en valeur et à ajouter de la profondeur à l'espace. Si la propriété est construite en brique ou en pierre, des couleurs plus sombres peuvent aider à ajouter de la texture et à donner à la propriété un aspect plus solide et durable.

Il est important de noter que dépersonnaliser une maison ne signifie pas qu'il faut absolument utiliser des couleurs claires et neutres. Si vous êtes un propriétaire qui préfère les couleurs vives et audacieuses, il est possible d'utiliser ces couleurs dans des éléments décoratifs tels que des coussins, des tapis ou des œuvres d'art plutôt que sur les murs.

Cela permet de donner un peu de personnalité et de caractère à l'espace tout en laissant suffisamment de liberté aux acheteurs potentiels pour se projeter dans leur propre vie dans la propriété.

En fin de compte, le choix de la couleur pour dépersonnaliser une maison dépend de plusieurs facteurs tels que la localisation, l'architecture et les goûts personnels. Les couleurs neutres et apaisantes telles que le blanc, le beige, le gris clair et le taupe sont souvent les choix les plus populaires pour dépersonnaliser une maison, car elles permettent aux acheteurs potentiels de se concentrer sur les caractéristiques de la propriété plutôt que sur la décoration personnelle. Cependant, il est important de choisir une couleur qui convient à la propriété et à ses caractéristiques uniques.

Chapitre 4: Marketing de sa propriété

Les sites immobiliers

En France, il existe de nombreux sites qui permettent aux propriétaires de vendre leur bien immobilier en ligne. Chacun de ces sites propose des fonctionnalités uniques et des avantages pour les vendeurs. Ce chapitre vous présentera en détail les sites les plus populaires pour la vente de biens immobiliers en France, afin de vous aider à choisir celui qui convient le mieux à vos besoins.

Leboncoin : Nous avons déjà évoqué ce site précédemment. Leboncoin permet aux propriétaires de publier une annonce gratuite pour vendre leur bien immobilier. Le site propose une interface simple et intuitive, ce qui en fait un choix idéal pour les propriétaires qui n'ont pas beaucoup d'expérience dans la vente de propriétés. Les annonces sont très visibles et peuvent être facilement trouvées par les acheteurs potentiels grâce à des filtres de recherche avancés. Les propriétaires peuvent également inclure des photos de haute qualité pour montrer leur propriété dans le meilleur jour possible.

SeLoger : Lui aussi déjà cité, c'est l'un des sites immobiliers les plus populaires en France. SeLoger propose des annonces de propriétés pour tous les types de biens, y compris les maisons, les appartements et les terrains.

Ce site est populaire parmi les acheteurs potentiels en raison de ses outils de recherche avancés, tels que la recherche de propriétés par code postal, superficie et nombre de chambres. Les propriétaires peuvent publier une annonce sur SeLoger pour un coût modique, et le site offre une visibilité élevée pour les annonces, ce qui peut aider à attirer les acheteurs potentiels.

Logic-Immo : Ce site propose un large éventail d'annonces immobilières pour tous les types de propriétés en France. Logic-Immo permet aux propriétaires de publier une annonce gratuitement ou pour un coût modique, en fonction des fonctionnalités souhaitées. Les annonces publiées sur ce site sont visibles pour les acheteurs potentiels à travers la France, ce qui peut aider à attirer plus de demandes pour votre propriété. Logic-Immo propose également des outils de recherche avancés pour les acheteurs potentiels, ce qui peut les aider à trouver la propriété qui répond le mieux à leurs besoins.

Pap.fr: Ce site permet aux propriétaires de publier une annonce gratuitement pour vendre leur bien immobilier. Pap.fr propose une interface simple et intuitive, ce qui en fait un choix idéal comme Leboncoin pour les propriétaires qui n'ont pas beaucoup d'expérience dans la vente de propriétés. Les annonces sont très visibles sur le site et peuvent être facilement trouvées par les acheteurs potentiels grâce à des filtres de recherche avancés. Les propriétaires peuvent également inclure des photos de haute qualité pour montrer leur propriété dans le meilleur jour possible.

Century21.fr : Évoqué aussi précédemment, Century21 est un réseau national de courtiers immobiliers en France. En plus de leur site web, les courtiers Century21 peuvent aider les propriétaires à vendre leur propriété en utilisant leur expertise locale et leur connaissance du marché local. Les annonces de propriétés sont publiées sur le site web de Century21 et sont visibles pour les acheteurs potentiels partout en France.

Immobilier.notaires.fr : Pour rappel, ce site est le site web officiel de la Chambre des notaires de France pour la vente de propriétés. Les propriétaires peuvent publier une annonce gratuitement sur ce site pour vendre leur propriété. Les annonces sont très visibles sur le site et peuvent être facilement trouvées par les acheteurs potentiels grâce à des filtres de recherche avancés. Les propriétaires peuvent également inclure des photos de haute qualité pour montrer leur propriété dans le meilleur jour possible.

Bienici.com : Ce site propose un large éventail d'annonces immobilières pour tous les types de propriétés en France. Bienici permet aux propriétaires de publier une annonce gratuitement ou pour un coût modique, en fonction des fonctionnalités souhaitées. Les annonces publiées sur ce site sont visibles pour les acheteurs potentiels à travers la France, ce qui peut aider à attirer plus de demandes pour votre propriété. Bienici propose également des outils de recherche avancés pour les acheteurs potentiels, ce qui peut les aider à trouver la propriété qui répond le mieux à leurs besoins.

En conclusion, il existe de nombreux sites en France pour la vente de biens immobiliers. Chacun de ces sites propose des fonctionnalités uniques et des avantages pour les vendeurs. Il est important de prendre le temps de choisir le site qui convient le mieux à vos besoins en matière de vente de propriété, en considérant les fonctionnalités, le coût, la portée géographique et la visibilité des annonces. Il peut être utile de publier votre annonce sur plusieurs sites pour maximiser votre visibilité et ainsi augmenter les chances de vendre votre propriété rapidement et à un bon prix.

Les réseaux sociaux

L'utilisation des réseaux sociaux pour vendre son bien immobilier peut sembler déroutante pour certains, mais c'est en réalité une stratégie efficace pour atteindre un public large et potentiellement intéressé. Cependant, avant de se lancer, il est important de comprendre les différentes façons dont les réseaux sociaux peuvent être utilisés pour vendre une propriété immobilière et les pratiques à suivre pour maximiser les chances de succès.

Voici quelques exemples d'utilisation des réseaux sociaux pour vendre son bien immobilier :

Créer une page professionnelle pour la propriété : Les réseaux sociaux tels que Facebook, Instagram et Twitter peuvent être utilisés pour créer une page dédiée à la propriété immobilière à vendre. Les propriétaires peuvent publier des photos, des vidéos, des descriptions détaillées et des mises à jour sur la propriété pour attirer l'attention des acheteurs potentiels.

Les pages peuvent également être utilisées pour répondre aux questions et fournir des informations supplémentaires sur la propriété.

Utiliser les groupes immobiliers sur les réseaux sociaux : Les réseaux sociaux regorgent de groupes dédiés à l'immobilier, où les propriétaires peuvent publier des annonces pour leurs propriétés à vendre. Les acheteurs potentiels peuvent également poser des questions sur les propriétés et obtenir des informations supplémentaires auprès des propriétaires.

Utiliser les publicités ciblées sur les réseaux sociaux : Les réseaux sociaux offrent également la possibilité de créer des publicités ciblées pour atteindre les acheteurs potentiels. Les propriétaires peuvent cibler leur publicité en fonction de facteurs tels que l'emplacement géographique, l'âge, les centres d'intérêt et bien plus encore. Les publicités peuvent être utilisées pour promouvoir la propriété de manière ciblée auprès d'un public susceptible d'être intéressé.

Utiliser les plateformes de médias sociaux pour la diffusion en direct : Les plateformes telles que Facebook et Instagram permettent également la diffusion en direct, ce qui peut être un excellent moyen de montrer la propriété aux acheteurs potentiels en temps réel. Les propriétaires peuvent faire une visite virtuelle de la propriété en direct, répondre aux questions des acheteurs potentiels en temps réel et fournir des informations supplémentaires sur la propriété.

Il est important de noter que pour maximiser les chances de succès lors de la vente de sa propriété immobilière via les réseaux sociaux, il est important de suivre quelques pratiques clés :

Créer un contenu de qualité : Il est important de publier du contenu de qualité sur les réseaux sociaux pour attirer l'attention des acheteurs potentiels. Les propriétaires devraient publier des photos nettes et des vidéos de haute qualité de la propriété, ainsi que des descriptions détaillées et précises.

Être actif sur les réseaux sociaux : Pour maximiser les chances de succès, il est important d'être actif sur les réseaux sociaux et de publier régulièrement du contenu sur la propriété. Les propriétaires doivent être en mesure de répondre rapidement aux questions des acheteurs potentiels et de fournir des informations supplémentaires sur la propriété.

Cibler les bonnes personnes : Il est important de cibler les bonnes personnes lors de la promotion de la propriété sur les réseaux sociaux. Les propriétaires doivent comprendre leur public cible et utiliser les fonctionnalités de ciblage pour atteindre les acheteurs potentiels les plus susceptibles d'être intéressés par la propriété.

Être transparent : Les propriétaires doivent être transparents sur les réseaux sociaux et fournir des informations précises et complètes sur la propriété. Les acheteurs potentiels apprécient la transparence et sont plus enclins à faire une offre sur la propriété s'ils ont une bonne compréhension de celle-ci.

En conclusion, les réseaux sociaux peuvent être un moyen puissant pour les propriétaires de vendre leur propriété immobilière en solo. En utilisant les bonnes pratiques et en créant du contenu de qualité, les propriétaires peuvent atteindre un public large et potentiellement intéressé, augmentant ainsi les chances de succès lors de la vente de leur propriété.

Rédiger son annonce

Bien rédiger son annonce pour vendre un bien immobilier sur internet peut faire toute la différence pour attirer les acheteurs potentiels et vendre rapidement et au bon prix. Voici quelques conseils pour vous aider à rédiger une annonce immobilière efficace.

Commencez par les informations de base : Assurez-vous d'inclure les informations de base sur le bien immobilier dans votre annonce, telles que l'adresse, le nombre de chambres, la surface habitable et le prix demandé. Si vous souhaitez inclure des informations supplémentaires telles que les équipements, les caractéristiques du quartier, les écoles et les transports en commun, assurez-vous que ces informations sont précises et à jour.

Utilisez des images de qualité : Les images sont un élément clé de toute annonce immobilière en ligne. C'est pourquoi nous en reparlerons après.

Soyez descriptif : Lors de la rédaction de votre annonce, soyez descriptif en utilisant des mots clés pertinents qui décrivent les caractéristiques uniques de votre bien immobilier.

Par exemple, si votre maison dispose d'un jardin privé, d'une piscine, d'une vue imprenable sur la montagne, etc., assurez-vous de les mentionner dans votre annonce. Les acheteurs potentiels apprécieront d'avoir une idée précise de ce qu'ils peuvent attendre de votre bien immobilier.

Soyez honnête : Lorsque vous rédigez votre annonce, soyez honnête sur les défauts de votre bien immobilier. Si votre maison a besoin de rénovations, si la peinture est défraîchie, si les équipements sont obsolètes, etc., assurez-vous de les mentionner. Les acheteurs potentiels préfèrent connaître les défauts du bien immobilier avant de se déplacer pour une visite. La transparence peut aider à éviter les mauvaises surprises plus tard dans le processus de vente.

Évitez les erreurs fréquentes : Voici quelques erreurs fréquentes que vous devriez éviter lors de la rédaction de votre annonce :

- Utiliser un langage trop technique ou complexe : Les acheteurs potentiels n'ont pas tous de grandes connaissances en immobilier et peuvent être découragés par un langage technique ou complexe. Essayez d'utiliser un langage clair et simple pour décrire votre bien immobilier.
- Inclure des informations inutiles ou peu importantes : Évitez d'inclure des informations qui ne sont pas pertinentes pour le bien immobilier, telles que le nom des voisins (oui c'est du déjà-vu !) ou des détails personnels. Concentrez-vous sur les caractéristiques les plus importantes de votre bien immobilier.

- Utiliser un ton négatif : Évitez d'utiliser un ton négatif ou défaitiste dans votre annonce. Essayez de mettre en avant les points forts de votre bien immobilier plutôt que les défauts.
- Oublier de vérifier l'orthographe et la grammaire : Assurez-vous de vérifier soigneusement l'orthographe et la grammaire de votre annonce. Des erreurs peuvent donner une image négative de votre bien immobilier et de votre professionnalisme.

Mettre en valeur les atouts uniques de votre bien immobilier : Enfin, assurez-vous de mettre en valeur les atouts uniques de votre bien immobilier. Que ce soit une vue imprenable, une piscine, un emplacement de premier choix ou une cuisine moderne, mettez en avant ce qui rend votre bien immobilier spécial et attirera les acheteurs potentiels.

En suivant ces conseils pour rédiger une annonce immobilière efficace, vous serez en mesure d'attirer les acheteurs potentiels et de vendre rapidement et au bon prix. N'oubliez pas que votre annonce est la première impression que les acheteurs potentiels auront de votre bien immobilier, il est donc important de la rédiger avec soin.

Le rôle des photos

Dans un monde où les transactions immobilières se font de plus en plus en ligne, les photos jouent un rôle crucial pour vendre un bien immobilier.

En effet, les acheteurs potentiels peuvent avoir une première impression de la propriété en se basant uniquement sur les images. C'est pourquoi il est important de prendre des photos de qualité pour votre annonce immobilière.

Tout d'abord, les photos peuvent faire une grande différence dans la décision d'un acheteur potentiel d'envisager ou non de visiter votre propriété. Les images qui présentent clairement les espaces de vie, les caractéristiques et les équipements de la maison peuvent donner aux acheteurs une idée de ce à quoi ils peuvent s'attendre. En revanche, des photos sombres, floues ou peu détaillées peuvent faire en sorte que les acheteurs potentiels ne prennent même pas la peine de visiter la propriété.

Il est donc crucial de prendre des photos de qualité pour vendre votre propriété. Cela peut être accompli en utilisant un appareil photo de qualité, en prenant le temps de bien cadrer les images et en les éclairant correctement. De plus, il est également important de présenter des photos qui montrent toutes les pièces de la maison, y compris les chambres à coucher, les salles de bain et les espaces de stockage.

Cependant, il peut être difficile de prendre des photos de qualité pour votre annonce immobilière, surtout si vous n'êtes pas un photographe professionnel. Heureusement, il existe plusieurs options pour vous aider à prendre des photos qui feront ressortir les meilleures caractéristiques de votre propriété.

Pour commencer, vous pouvez engager un photographe spécialisé dans l'immobilier. Les photographes immobiliers savent comment prendre des photos qui présentent clairement les atouts de la propriété, et ils disposent souvent d'équipements de qualité pour produire des images de haute qualité. En utilisant un photographe spécialisé, vous pouvez être assuré que les photos de votre annonce immobilière seront attrayantes et professionnelles.

En outre, vous pouvez également utiliser des objectifs grand angle pour prendre des photos de votre propriété. Les objectifs grand angle peuvent aider à montrer plus de détails dans les pièces, ce qui peut aider à donner aux acheteurs une meilleure idée de l'espace disponible. De plus, en utilisant un objectif grand angle, vous pouvez également utiliser la technique de surexposition pour faire ressortir les meilleures caractéristiques de la propriété. La surexposition consiste à augmenter la luminosité des images pour les rendre plus claires et plus lumineuses. Cela peut aider à mettre en valeur les espaces de vie, les équipements et les caractéristiques uniques de la propriété.

Il est également important de prendre des photos de toutes les pièces de la maison, y compris les extérieurs, les jardins, les piscines, les terrains de golf et autres caractéristiques de la propriété. En montrant toutes les caractéristiques de la propriété, vous pouvez aider les acheteurs potentiels à se faire une idée plus précise de ce à quoi ils peuvent s'attendre.

Enfin, il est important de s'assurer que les images de votre annonce immobilière sont de qualité, claires et attrayantes. Les images peuvent faire ou défaire votre annonce immobilière, alors il est important de prendre le temps de prendre des photos de qualité pour vendre votre propriété.

Promotion en personne

Lorsque vous vendez votre propriété immobilière, il est important d'attirer l'attention sur votre bien de manière efficace. L'utilisation de panneaux de vente immobilière et l'organisation de journées portes ouvertes sont des moyens efficaces d'attirer l'attention des acheteurs potentiels et de les inciter à visiter votre propriété.

Les panneaux de vente immobilière sont un moyen visible et facile d'attirer l'attention sur votre propriété. Ils peuvent être placés dans le quartier de votre propriété, près de routes passantes et sur d'autres sites de grande visibilité pour attirer l'attention des acheteurs potentiels. Les panneaux peuvent inclure des informations sur la propriété, telles que le prix, le nombre de chambres à coucher, la superficie, les caractéristiques uniques et les avantages de la propriété. Les panneaux peuvent également inclure vos coordonnées pour permettre aux acheteurs potentiels de prendre contact avec vous pour organiser une visite.

Les journées portes ouvertes sont également un moyen efficace de promouvoir votre propriété. Les journées portes ouvertes permettent aux acheteurs potentiels de visiter votre propriété sans rendez-vous et de se faire une idée de la propriété en personne.

Elles peuvent également être un excellent moyen de créer un lien personnel avec les acheteurs potentiels et de répondre à leurs questions sur la propriété.

Lorsque vous organisez une journée portes ouvertes, il est important de vous assurer que votre propriété est prête à être vue. Vous pouvez également inclure des informations sur la propriété dans une brochure ou un dépliant pour aider les acheteurs potentiels à mieux comprendre les caractéristiques et les avantages de la propriété.

Chapitre 5: Gestion des visites et des négociations

Connaître le bien et se préparer aux questions

Lorsque vous vendez un bien immobilier, il est important de très bien connaître votre propriété pour pouvoir répondre efficacement aux questions des acheteurs potentiels. En effet, les visites de votre propriété sont souvent le premier point de contact entre vous et les acheteurs potentiels, et c'est là que vous pouvez leur faire une première impression favorable ou les dissuader de continuer à considérer votre propriété. Par conséquent, il est important de se préparer aux questions fréquentes que les acheteurs potentiels pourraient poser.

Parmi les questions fréquentes auxquelles vous pouvez vous attendre lors des visites, citons les suivantes :

- Les dimensions de la propriété et les dimensions des différentes pièces
- Les équipements de la propriété, tels que l'air conditionné, le chauffage et les appareils ménagers
- L'emplacement de la propriété et les commodités à proximité, telles que les écoles, les magasins et les parcs
- Les coûts liés à la propriété, tels que les taxes foncières et les frais d'entretien

- L'historique de la propriété, y compris les rénovations et les mises à jour effectuées
- Les restrictions liées à la propriété, telles que les restrictions de la copropriété ou les restrictions de construction.

En connaissant bien votre propriété et en étant préparé à répondre à ces questions, vous pouvez rassurer les acheteurs potentiels sur leur potentielle acquisition et les encourager à faire une offre. Il est également important de se rappeler que les visites de votre propriété sont un moment d'échange et de dialogue avec les acheteurs potentiels, et que vous pouvez en apprendre davantage sur leurs attentes et leurs préoccupations en écoutant attentivement leurs questions.

Il est également important de prendre en compte les émotions des acheteurs potentiels lors des visites. Beaucoup de personnes cherchent une maison pour y vivre, et pour beaucoup d'entre elles, c'est un engagement émotionnel important. C'est pourquoi il est important de faire en sorte que les acheteurs potentiels se sentent les bienvenus chez vous et se voient déjà en train de vivre dans votre propriété.

Vous pouvez y parvenir en créant une ambiance accueillante dans chaque pièce, en faisant en sorte que la maison soit propre et bien rangée, et en veillant à ce que les lumières soient allumées pour faire ressortir les meilleures caractéristiques de la propriété. Vous pouvez également préparer un peu de musique d'ambiance pour ajouter une touche personnelle à la visite.

En plus de préparer l'environnement, il est important de préparer vous-même pour les visites. Assurez-vous de vous habiller de manière appropriée et de vous comporter de manière professionnelle et accueillante. Évitez les distractions telles que les téléphones portables et concentrez-vous sur les acheteurs potentiels pendant la visite.

Il est aussi important de se rappeler que les visites peuvent être stressantes pour les acheteurs potentiels, surtout s'ils visent plusieurs propriétés en même temps. Soyez compréhensif et respectueux de leur processus de décision, et n'hésitez pas à leur offrir des renseignements supplémentaires si nécessaire.

Focus sur les questions les plus fréquentes...

Lorsqu'un acheteur potentiel visite une propriété, il peut avoir de nombreuses questions pour le vendeur ou l'agent immobilier. Cela est tout à fait normal, car l'achat d'une maison est un investissement important et il est important de s'assurer que tous les aspects de la propriété répondent aux besoins et aux attentes de l'acheteur. Dans cet article, nous allons examiner certaines des questions les plus fréquentes posées par les acheteurs potentiels lorsqu'ils visitent une propriété.

Quel est le prix demandé pour la propriété ?

L'une des premières questions que les acheteurs potentiels posent lorsqu'ils visitent une propriété est le prix de vente demandé.

Les acheteurs veulent savoir si le prix est dans leur budget et s'il est en ligne avec les prix du marché dans la région.

Quelles sont les caractéristiques de la propriété ?
Les acheteurs potentiels voudront savoir quelles sont les caractéristiques de la propriété, telles que le nombre de chambres, le nombre de salles de bain, la taille du terrain et la présence d'un garage ou d'un espace de stationnement. Les acheteurs peuvent également être intéressés par les caractéristiques supplémentaires telles que les piscines, les jardins et les équipements tels que les cheminées et les systèmes de sécurité.

Quels sont les coûts d'entretien de la propriété ?
Les acheteurs potentiels voudront savoir quels sont les coûts d'entretien de la propriété, tels que les factures d'électricité, les coûts de chauffage et de climatisation, les taxes foncières et les coûts d'entretien général. Les acheteurs voudront s'assurer qu'ils pourront se permettre les coûts d'entretien de la propriété en plus du paiement hypothécaire mensuel.

Quel est l'âge de la propriété et y a-t-il des problèmes structurels ?
Les acheteurs potentiels voudront savoir l'âge de la propriété et s'il y a des problèmes structurels, tels que des fissures dans les fondations ou des problèmes de toiture.

Quels sont les règlements et restrictions associés à la propriété ?

Les acheteurs potentiels voudront savoir s'il y a des règlements et des restrictions associés à la propriété, tels que des réglementations sur les animaux de compagnie, les restrictions de stationnement et les règles de propriété de l'association de quartier.

Pourquoi le vendeur vend-il la propriété ?

Les acheteurs peuvent également être intéressés par les raisons pour lesquelles le vendeur vend la propriété. Cette question peut donner des informations utiles sur l'état de la propriété, les caractéristiques du quartier et les raisons pour lesquelles le vendeur a décidé de vendre. Les acheteurs peuvent également être intéressés par les délais de vente, les raisons de la vente et les négociations de prix.

Y a-t-il des problèmes de voisinage ?

Les acheteurs potentiels voudront savoir s'il y a des problèmes de voisinage, tels que des problèmes de bruit, des animaux bruyants ou des conflits avec les voisins. Les acheteurs peuvent également vouloir savoir si le quartier est propice à leur mode de vie, s'ils peuvent avoir des fêtes ou jouer de la musique à un volume élevé.

Quel est le calendrier de vente ?

Les acheteurs potentiels voudront savoir quel est le calendrier de vente de la propriété, notamment si elle est disponible immédiatement ou s'il y a une période de transition nécessaire. Les acheteurs peuvent également vouloir savoir si la propriété est vendue meublée ou non, et si des négociations sont possibles concernant les meubles.

Quel est le processus d'achat de la propriété ?

Enfin, les acheteurs potentiels voudront savoir quel est le processus d'achat de la propriété, notamment les détails de la transaction, les modalités de paiement, les coûts de clôture et les détails de la propriété elle-même. Les acheteurs voudront également savoir quel est le délai d'inspection et si des négociations sont possibles.

Voir cet article :
"9 questions à poser lors d'une visite immobilière", Century 21 :
https://www.century21.fr/actualites/conseils/visite-immobiliere-9-questions-a-poser/

Exemple de bonne organisation...

La préparation des visites à venir et la planification est l'une des parties les plus importantes du processus de vente immobilière. Voici quelques conseils pour bien s'organiser lors des visites pour vendre un bien immobilier :

Fixer des heures de visite : Pour éviter les interruptions inattendues, il est important de fixer des heures de visite avec les acheteurs potentiels. Les heures doivent être clairement indiquées dans les annonces de vente et confirmées avec les acheteurs potentiels avant leur arrivée.

Utiliser un tableur pour suivre les visites : Pour éviter toute confusion et pour garder une trace de toutes les visites, il est recommandé d'utiliser un tableur pour suivre les visites. Le tableur peut inclure des informations sur les acheteurs potentiels, les dates et heures des visites, les commentaires et les questions des visiteurs, et toute autre information pertinente.

Rappeler les acheteurs potentiels avant la visite : Il est important de rappeler les acheteurs potentiels avant la visite pour confirmer la date et l'heure de la visite, ainsi que pour s'assurer qu'ils ont toutes les informations dont ils ont besoin. Cela peut aider à éviter les retards et les annulations de dernière minute.

Organiser la visite

Lorsque vous préparez une visite pour montrer votre bien immobilier, il est important de respecter un ordre afin de maximiser l'impact de la présentation. Un ordre bien structuré peut aider les acheteurs potentiels à mieux comprendre et apprécier les caractéristiques de votre propriété.

Tout d'abord, il est important de commencer par la façade extérieure de la propriété. Cela donne aux acheteurs potentiels une première impression de la propriété et leur donne un aperçu de ce à quoi ils peuvent s'attendre à l'intérieur. Assurez-vous de mettre en évidence les caractéristiques clés telles que les jardins, les terrains, les patios et les balcons.

Ensuite, il est important de se concentrer sur l'espace de vie principal. Cela peut inclure le salon, la salle à manger et la cuisine. C'est dans ces pièces que les acheteurs potentiels passeront la plupart de leur temps, alors assurez-vous de les mettre en valeur. Vous pouvez le faire en veillant à ce que les pièces soient propres, bien rangées et lumineuses.

Après avoir examiné l'espace de vie principal, il est temps de se concentrer sur les chambres et les salles de bains. Assurez-vous de mettre en valeur les caractéristiques clés de chaque pièce, telles que les fenêtres, les placards et les carreaux. Encore une fois, laissez les lumières allumées pour faire ressortir les meilleures caractéristiques de chaque pièce.

Enfin, il est important de terminer par les espaces supplémentaires tels que les sous-sols, les garages et les pièces supplémentaires. C'est une bonne idée de faire en sorte que ces pièces soient propres et bien rangées afin d'encourager les acheteurs potentiels à les explorer.

Il est également important de prévoir des pauses pour répondre aux questions et offrir des renseignements supplémentaires sur la propriété. Assurez-vous de vous rappeler les points clés que vous voulez mettre en évidence lors de la visite et de les mentionner lorsque cela s'avère approprié.

En conclusion, en suivant un ordre structuré pour les visites et en préparant soigneusement les pièces, vous pouvez maximiser l'impact de la présentation de votre bien immobilier. Cela peut aider les acheteurs potentiels à mieux comprendre et apprécier les caractéristiques de votre propriété et inciter les acheteurs potentiels à faire une offre.

L'art de la négociation

La négociation est un élément clé du processus de vente d'un bien immobilier. Elle peut déterminer le succès ou l'échec d'une transaction et affecter les profits des deux parties impliquées, le vendeur et l'acheteur. Il est donc important de comprendre les fondements de la négociation en immobilier pour maximiser les avantages pour toutes les parties.

Premièrement, il est important de définir les objectifs de chaque partie.

Pour le vendeur, il peut s'agir de maximiser le prix de vente et d'atteindre le montant demandé, tandis que pour l'acheteur, il peut s'agir de minimiser le coût de l'achat et de négocier une bonne affaire. La définition claire des objectifs peut aider à déterminer la stratégie de négociation et à anticiper les mouvements de l'autre partie.

Deuxièmement, connaître le marché immobilier est crucial pour la négociation. Comprendre les prix des biens similaires dans la région, le temps de vente moyen, les tendances du marché et les conditions économiques peut aider à fixer un prix réaliste pour le bien immobilier et à évaluer les offres des acheteurs.

Troisièmement, il est important de comprendre les motivations de l'autre partie. Pourquoi l'acheteur veut-il ce bien immobilier ? Qu'est-ce qui est important pour eux ? En comprenant les motivations de l'acheteur, le vendeur peut adapter sa stratégie de négociation pour mieux répondre à leurs besoins et intérêts.

Quatrièmement, il est important de communiquer clairement et de manière ouverte avec l'autre partie. Écouter attentivement leurs préoccupations, répondre à leurs questions et être disposé à faire des compromis peut aider à établir une relation de confiance et à faciliter la négociation.

Cinquièmement, il est important de savoir quand accepter une offre ou faire une contre-offre. Évaluer les offres en fonction de vos objectifs et de votre connaissance du marché peut aider à prendre une décision éclairée sur la façon de procéder.

Enfin, il est important de se rappeler que la négociation en immobilier est un processus continu. Il peut y avoir plusieurs rounds de négociation avant de parvenir à un accord. Il est donc important de rester patient, déterminé et de maintenir une attitude positive tout au long du processus.

La négociation immobilière comporte un aspect psychologique qui doit être pris en compte afin de mener à bien la vente. Cet aspect est encore plus important lorsqu'il s'agit de vendre un bien immobilier, car il s'agit souvent d'une transaction importante pour les deux parties.

Il est important de comprendre que les différentes personnalités peuvent influencer le processus de négociation. Certains acheteurs peuvent être agressifs, tandis que d'autres peuvent être plus réservés. Il est donc important d'être conscient de ces différences afin de mieux les gérer et d'aboutir à un accord satisfaisant pour les deux parties.

L'agressivité peut souvent être un moyen de faire pression sur la partie adverse, mais cela peut également être perçu comme une forme de mépris. Dans ce cas, l'acheteur peut se sentir offensé et la négociation peut s'envenimer. Pour éviter cela, il est important de rester calme et professionnel, même si l'acheteur est agressif.

Les acheteurs réservés peuvent être plus difficiles à cerner, mais ils sont souvent plus disposés à négocier. Ils peuvent également être plus enclins à se sentir intimidés par une négociation difficile.

Il est donc important de les mettre à l'aise et de leur faire comprendre que vous êtes ouvert à la négociation.

Chapitre 6: Les offres

Gestion des offres d'achats

La vente immobilière en France est un processus complexe qui requiert une attention particulière à de nombreux détails. La gestion des offres d'achat est un élément clé de ce processus, et il est important de savoir comment le faire de manière efficace pour garantir un résultat positif pour toutes les parties impliquées. Dans cet article, nous allons explorer les différents aspects de la gestion des offres d'achat lors d'une vente immobilière en France, ainsi que les éléments indispensables à inclure dans une offre.

Tout d'abord, il est important de comprendre que les offres d'achat ne sont pas obligatoires en France, mais elles sont souvent utilisées pour faciliter les négociations entre l'acheteur et le vendeur. Une offre d'achat est un document qui décrit les termes et conditions proposées par l'acheteur pour l'achat d'une propriété. Il est important de noter que les offres d'achat ne sont pas contraignantes et peuvent être refusées ou modifiées à tout moment.

Lorsqu'une offre d'achat est présentée, le vendeur a le choix d'accepter ou de refuser cette offre. Si l'offre est acceptée, elle devient alors un contrat de vente, qui est un document juridique contraignant entre l'acheteur et le vendeur.

Lors de la gestion des offres d'achat, il est important d'être clair et transparent quant à la manière dont les offres seront examinées et traitées. Il est courant que les vendeurs demandent à tous les acheteurs potentiels de soumettre leur meilleure offre en même temps, ce qui peut faciliter la comparaison des offres et la prise de décision. Cependant, il est également possible de négocier directement avec un acheteur potentiel, en fonction de ce qui est le mieux pour la situation particulière.

Pour le candidat acquéreur, l'offre d'achat est un moyen possible de réserver un bien à des conditions qu'il fixe lui-même. Il s'engage à acheter le bien en cas d'acceptation du vendeur. L'acquéreur doit avoir la capacité juridique (aptitude d'une personne physique ou morale à avoir des droits et des obligations et à les exercer elle-même) de signer un contrat, car l'offre d'achat est destinée à aboutir à la signature d'un acte de vente.

L'offre doit être écrite et contenir les éléments suivants :

- Désignation du bien
- Date de l'offre
- Prix fixé par l'acquéreur
- Durée de validité de l'offre de 1 ou 2 semaine(s)
- Le délai de réflexion ou de rétractation ne s'applique pas pour une offre d'achat acceptée.

Attention, le candidat acquéreur qui fait une offre d'achat ne doit verser aucune somme d'argent au vendeur.
Pendant le délai de validité de l'offre, le vendeur a plusieurs possibilités :

- Il peut accepter les conditions de l'offre du candidat acquéreur
- Il peut refuser l'offre si le prix proposé par le candidat acquéreur est inférieur à celui initialement fixé
- Il peut faire une contre-proposition écrite, c'est-à-dire une nouvelle offre qui rend l'offre initiale caduque

Si le vendeur accepte les conditions de l'offre, le candidat acquéreur et le vendeur sont engagés. Une promesse de vente ou, sinon, un acte de vente est alors signé.

En conclusion, la gestion des offres d'achat lors d'une vente immobilière est un processus important qui peut avoir un impact significatif sur le résultat final de la vente. En prenant le temps de comprendre les différents aspects de la gestion des offres d'achat, vous pouvez garantir que vous obtenez le meilleur résultat possible lors de la vente de votre propriété.

Le compromis

Lorsqu'on envisage de vendre un bien immobilier, il est important de comprendre l'importance du compromis de vente. Le compromis de vente est un contrat préliminaire entre l'acheteur et le vendeur qui établit les termes et les conditions de la transaction.

Le compromis de vente est un contrat préliminaire qui précède l'acte définitif de vente. Il contient toutes les informations importantes concernant la transaction, telles que le prix de vente, la description du bien immobilier, les conditions de paiement, les délais de clôture, etc.

Le compromis de vente est un document juridique qui est régi par la loi française. Il peut être établi par les deux partis, par une agence immobilière ou bien par un notaire, qui est un officier public. Le notaire est chargé de garantir que la transaction est légale et que les intérêts des deux parties sont protégés. Il est également responsable de la rédaction du contrat de vente définitif.

Si vous décidez de signer un compromis de vente sans notaire, cela peut présenter quelques avantages, tels qu'un gain de temps considérable et un coût a priori réduit. C'est un acte sous seing privé, c'est-à-dire une convention établie et écrite par les deux parties elles-mêmes ou par des tiers mandatés, comme des professionnels de l'immobilier.

Le compromis de vente est un document important qui doit être examiné attentivement par l'acheteur et le vendeur. Il est important que les deux parties comprennent bien les termes et les conditions de la transaction avant de signer le contrat. Le compromis de vente est une promesse contraignante qui engage les deux parties à poursuivre la transaction.

Le notaire, à quoi ça sert ? Quelques rappels...

Le notaire joue un rôle crucial dans la vie juridique et économique française. Ce professionnel du droit a pour mission de conseiller les particuliers et les entreprises dans de nombreuses situations, de la création d'entreprise à la gestion du patrimoine en passant par les successions et les transactions immobilières.

Le notaire, un acteur clé de la vie juridique et économique française

Le notaire est un officier public nommé par le Ministère de la Justice. Il exerce une mission de service public et a pour rôle de garantir la sécurité juridique des actes qu'il authentifie. Les notaires sont présents dans toutes les régions de France et sont souvent installés en milieu rural, ce qui leur permet d'être proches de la population. Les notaires ont une compétence nationale, ce qui signifie qu'ils peuvent intervenir dans toute la France, quel que soit le lieu de résidence des parties.

Le rôle du notaire dans la création d'entreprise

Le notaire joue un rôle important dans la création d'entreprise en France. Il peut conseiller les porteurs de projet sur la forme juridique la plus adaptée à leur activité.

Il peut aussi les renseigner sur les démarches à effectuer pour créer une entreprise, sur les statuts de la société, sur les régimes fiscaux et sociaux applicables, etc. Le notaire peut également intervenir pour la rédaction des actes de cession de parts sociales ou d'actions, pour la modification des statuts ou pour la dissolution de la société.

Le rôle du notaire dans la gestion du patrimoine

Le notaire peut être sollicité pour la gestion du patrimoine des particuliers. Il peut notamment intervenir pour la rédaction d'actes de donation, de testament, de mandat de protection future, d'acte de partage, de contrat de mariage, etc. Le notaire peut également conseiller les particuliers sur les régimes matrimoniaux, les successions, les droits de donation et de succession, les régimes fiscaux applicables, etc.

Le rôle du notaire dans les transactions immobilières

Le notaire est un acteur incontournable des transactions immobilières en France. Il est chargé d'authentifier les actes de vente et d'acquisition immobilière. Le notaire peut intervenir dès la signature de la promesse de vente pour conseiller les parties sur les aspects juridiques de la transaction, pour rédiger le compromis de vente et pour vérifier la situation juridique du bien immobilier (état hypothécaire, servitudes, etc.).

Le notaire doit également s'assurer que toutes les conditions suspensives sont levées avant la signature de l'acte authentique de vente.

Le rôle du notaire dans les successions

Le notaire peut intervenir dans le cadre de successions pour conseiller les héritiers sur les aspects juridiques de la succession, pour rédiger les actes de partage et pour s'assurer que les droits de chacun sont respectés. Le notaire peut également intervenir pour régler les dettes de la succession, pour évaluer les biens et pour organiser la transmission du patrimoine.

Le rôle du notaire dans les contrats de mariage

Le notaire peut intervenir pour la rédaction des contrats de mariage. Il est chargé de conseiller les futurs époux sur les régimes matrimoniaux et les conséquences fiscales et patrimoniales qui en découlent. Le notaire peut également intervenir pour la modification ou la dissolution des contrats de mariage.

Le rôle du notaire dans les transactions commerciales

Le notaire peut intervenir dans les transactions commerciales pour rédiger les actes de cession de fonds de commerce, les contrats de location-gérance, les baux commerciaux, les contrats de franchise, etc.

Le notaire est chargé de conseiller les parties sur les aspects juridiques de la transaction et de s'assurer que toutes les formalités sont respectées.

Le rôle du notaire dans les contentieux

Le notaire peut également intervenir dans les contentieux pour conseiller les parties sur les solutions amiables de règlement des conflits et pour rédiger les actes transactionnels. Le notaire peut également être désigné en qualité d'expert judiciaire pour apporter son expertise technique dans des domaines spécifiques (immobilier, patrimoine, droit des affaires, etc.).

Les obligations du notaire

Le notaire est tenu à des obligations strictes en matière de déontologie et de confidentialité. Il doit exercer sa mission en toute indépendance et impartialité. Le notaire est également tenu de respecter les règles de déontologie de sa profession, notamment en matière de publicité, d'honoraires, de conflits d'intérêts, etc.

Les honoraires du notaire

Les honoraires du notaire sont réglementés par la loi. Ils sont fixés en fonction de la nature et de la complexité de la mission confiée au notaire.

Les honoraires sont composés d'une rémunération forfaitaire et d'une rémunération proportionnelle au montant de l'opération. Les notaires sont tenus de fournir une estimation préalable des honoraires à leurs clients.

En conclusion, le notaire joue un rôle essentiel dans la vie juridique et économique française. Il intervient dans de nombreux domaines, de la création d'entreprise à la gestion du patrimoine en passant par les transactions immobilières et les successions. Le notaire est un professionnel du droit de confiance, dont le rôle est de garantir la sécurité juridique des actes qu'il authentifie. Les notaires sont soumis à des obligations strictes en matière de déontologie et de confidentialité et leurs honoraires sont réglementés par la loi.

Le compromis de vente est un document juridique complexe qui contient plusieurs éléments essentiels. Les éléments essentiels du compromis de vente comprennent :

La description du bien immobilier : Le compromis de vente doit contenir une description précise du bien immobilier qui est vendu. Cette description doit inclure toutes les caractéristiques du bien, telles que sa superficie, sa localisation, son état, etc.

Le prix de vente: Le prix de vente du bien immobilier doit être indiqué dans le compromis de vente.

Le prix de vente doit être convenu entre l'acheteur et le vendeur, et doit être justifié si possible par une évaluation du bien.

Les conditions de paiement : Le compromis de vente doit préciser les modalités de paiement convenues entre l'acheteur et le vendeur. Les conditions de paiement peuvent inclure un acompte, des versements échelonnés (cas particulier du viager ou de la vente à terme) ou un paiement intégral à la clôture de la transaction.

Les délais de clôture : Le compromis de vente doit préciser les délais de clôture de la transaction. Les délais de clôture peuvent varier en fonction des circonstances de la transaction.

Les clauses suspensives : Le compromis de vente doit inclure des clauses suspensives qui permettent aux parties de résilier le contrat dans certaines circonstances. Par exemple, le compromis de vente peut être résilié si l'une des parties ne parvient pas à obtenir un prêt immobilier ou si des problèmes de titre surviennent.

Les frais et les taxes : Le compromis de vente doit préciser qui est responsable de payer les frais et les taxes liés à la transaction. Ces frais peuvent inclure les frais de notaire, les frais d'enregistrement, les frais de recherche, etc.

Les garanties et les assurances : Le compromis de vente doit préciser les garanties et les assurances qui sont incluses dans la transaction.

Les obligations peuvent inclure la remise de documents ou de clés, la réalisation de travaux, etc.

Le compromis de vente est un document juridique important qui joue un rôle crucial dans la vente immobilière en France. Voici quelques-unes des raisons pour lesquelles le compromis de vente est si important :

Engagement des parties : Le compromis de vente est une promesse contraignante qui engage les parties à poursuivre la transaction. Les parties sont juridiquement tenues de respecter les termes et les conditions du contrat.

Protection des intérêts : Le compromis de vente protège les intérêts des deux parties en précisant les termes et les conditions de la transaction. Le compromis de vente évite les malentendus et les différends qui pourraient survenir plus tard dans la transaction.

Garantie de la légalité de la transaction : Si le compromis est établi par un notaire, ce dernier s'assurera que les termes et les conditions du contrat sont conformes à la loi.

Facilitation de la transaction : Le compromis de vente facilite la transaction en établissant les termes et les conditions de la vente. Les parties savent exactement ce qui est attendu d'elles et peuvent ainsi conclure la transaction plus rapidement.

Résolution des problèmes : Le compromis de vente contient des clauses suspensives qui permettent aux parties de résilier le contrat dans certaines circonstances. Cela permet de résoudre les problèmes qui pourraient survenir plus tard dans la transaction.

Le compromis de vente et la promesse de vente sont deux termes couramment utilisés dans le cadre de la vente immobilière en France. Bien que les deux termes soient souvent utilisés indifféremment, il existe des différences importantes entre les deux.

Nature juridique : Le compromis de vente est un contrat préliminaire qui engage les parties à poursuivre la transaction. La promesse de vente, en revanche, est une offre unilatérale.

Obligations des parties : Dans le compromis de vente, les deux parties sont engagées à poursuivre la transaction. Le vendeur s'engage à vendre le bien immobilier, tandis que l'acheteur s'engage à l'acheter. Dans la promesse de vente, le vendeur s'engage à vendre le bien immobilier à un prix spécifié, mais l'acheteur n'est pas obligé d'acheter.

Délais : Le compromis de vente contient des délais spécifiques pour l'exécution de la transaction. La promesse de vente, en revanche, ne contient pas de délais spécifiques. Le vendeur peut fixer une date limite pour la signature du contrat de vente, mais il n'y a pas de délais précis pour l'acheteur.

Rétractation : Dans le compromis de vente, les deux parties sont engagées à poursuivre la transaction, mais elles ont également la possibilité de se rétracter. Si l'une des parties se rétracte, l'autre partie peut réclamer des dommages et intérêts. Dans la promesse de vente, seule l'acheteur peut se rétracter. Le vendeur ne peut pas se rétracter.

Frais: Le compromis de vente est généralement rédigé par un notaire, qui facture des frais pour ses services. La promesse de vente est très souvent rédigée par le vendeur ou l'acheteur, sans l'intervention d'un notaire.

Chapitre 7:
La vente définitive

Importance de la vente définitive

La vente définitive est l'étape finale d'une transaction immobilière en France. C'est le moment où l'acheteur devient le propriétaire légal du bien immobilier. La vente définitive est un processus complexe qui nécessite la coopération de toutes les parties impliquées, y compris les vendeurs, les acheteurs et le notaire.

Légalement la vente définitive est l'acte juridique qui transfère la propriété d'un bien immobilier de son propriétaire actuel à un nouvel acheteur. La vente définitive est formalisée par un acte notarié, qui est signé par les deux parties et le notaire. Le notaire est un officier public qui est chargé de certifier la validité du contrat et de garantir que toutes les conditions de la transaction ont été remplies.

Avant de procéder à la vente définitive, il y a plusieurs étapes à suivre. Tout d'abord, il est recommandé d'avoir signé un compromis de vente ou une promesse de vente (voir chapitre précédent). Ces documents fixent les conditions de la transaction et permettent de vérifier que les parties sont d'accord sur les termes de la vente. Ensuite, il faut s'assurer que toutes les clauses suspensives ont été remplies.

Ces clauses sont des conditions qui doivent être remplies avant la vente définitive. Par exemple, l'obtention d'un prêt immobilier, la réalisation de travaux, etc. Enfin, il faut régler toutes les formalités administratives et fiscales, notamment le paiement de l'impôt sur la plus-value, si applicable.

La vente définitive est donc essentielle pour protéger les intérêts des deux parties. Elle assure que l'acheteur est en mesure de prendre possession du bien immobilier et que le vendeur a reçu le paiement intégral du prix de vente. En cas de litige, la vente définitive fournit une preuve solide de la transaction et permet de résoudre les conflits de manière efficace.

La plus-value ?

Le régime des plus-values en France concerne les gains réalisés lors de la vente de certains biens ou droits, tels que des actions, des parts de société, des biens immobiliers, des fonds de commerce, etc. Les plus-values sont soumises à une imposition spécifique, qui varie en fonction de la nature de l'actif cédé et de la durée de détention.

La plus-value que vous réalisez lors de la vente de votre résidence principale est totalement exonérée.

Il doit s'agir de votre résidence principale habituelle et effective : c'est à dire celle que vous occupez la majeure partie de l'année ; ainsi, l'utilisation temporaire d'un logement, notamment juste avant sa vente, ne vous permettra pas de bénéficier de l'exonération.

Les « dépendances immédiates et nécessaires » comme les caves, garages, chambres de bonne... qui sont vendues en même temps sont également exonérées.

Un garage, qui n'est pas attenant à votre habitation mais situé à moins d'un kilomètre, est considéré comme une dépendance immédiate.

Il doit également s'agir de votre résidence principale au jour de la cession ; cependant, si vous avez déjà quitté le logement au jour de la vente, vous pouvez tout de même bénéficier de l'exonération à condition que vous l'ayez occupé jusqu'au jour de sa mise en vente et que la vente intervienne dans un délai normal (en principe un an).

Les plus-values peuvent être de deux types : les plus-values à court terme et les plus-values à long terme. Les plus-values à court terme concernent les biens détenus depuis moins de deux ans, tandis que les plus-values à long terme concernent les biens détenus depuis plus de deux ans.

Les plus-values immobilières sont soumises à un prélèvement de 19 %, auquel s'ajoutent les prélèvements sociaux de 17,2 %, soit un taux global de 36,2 %. Ce taux peut être réduit en fonction de la durée de détention du bien cédé.

Au titre de l'impôt sur le revenu, l'abattement est de :

- 6 % pour chaque année de détention au-delà de la cinquième et jusqu'à la vingt-et-unième ;
- 4 % pour la vingt-deuxième année révolue de détention.
- L'exonération totale des plus-values immobilières au titre de l'impôt sur le revenu est ainsi acquise à l'issue d'un délai de détention de vingt-deux ans.

Au titre des prélèvements sociaux, l'abattement s'établit comme suit :

- 1,65 % pour chaque année de détention au-delà de la cinquième et jusqu'à la vingt-et-unième ;
- 1,60 % pour la vingt-deuxième année de détention ;
- 9 % pour chaque année au-delà de la vingt-deuxième.
- L'exonération des prélèvements sociaux est ainsi acquise à l'issue d'un délai de détention de trente ans.

Exemple : Un appartement acquis le 1er mai N bénéficiera, en cas de vente en juillet N+15 d'un abattement de :

- 60 % au titre de l'impôt sur le revenu (6 % x 10)
- 16,5 % au titre des prélèvements sociaux (1,65 % x 10)

Il sera totalement exonéré au 2 mai N+22 de l'impôt sur le revenu et au 2 mai N+30 des prélèvements sociaux.

Les étapes

La vente définitive implique plusieurs étapes importantes qui doivent être suivies avec précision. Voici les principales étapes :

Préparation de l'acte de vente (les formalités antérieures) : Le notaire prépare l'acte de vente en fonction des termes du compromis de vente ou de la promesse de vente. L'acte de vente doit contenir toutes les informations relatives à la transaction, y compris le prix de vente, les conditions de la vente, les identités des parties, les caractéristiques du bien immobilier, etc.

Signature de l'acte de vente : Les parties signent l'acte de vente en présence du notaire. Le notaire s'assure que toutes les informations sont correctes et que les parties ont compris les termes de la transaction. Une fois que l'acte de vente est signé, il devient définitif et ne peut plus être modifié.

Paiement du prix de vente : Le paiement du prix de vente est effectué par l'acheteur au moment de la signature de l'acte de vente. Le paiement est généralement effectué par chèque de banque ou virement bancaire. Le notaire s'assure que le paiement est correct et que toutes les formalités sont respectées.

Enregistrement de l'acte de vente (les formalités postérieures) : Après la signature de l'acte de vente, le notaire enregistre l'acte auprès des services de la publicité foncière.

Cela permet de rendre la transaction publique et de garantir que l'acheteur est le propriétaire légal du bien immobilier. L'enregistrement de l'acte de vente peut prendre plusieurs semaines.

Remise des clés : La remise des clés est le moment où l'acheteur prend possession du bien immobilier. Ce moment peut être fixé lors de la signature de l'acte de vente ou dans les jours qui suivent. Le vendeur doit remettre toutes les clés du bien immobilier à l'acheteur.

La procuration ?

La procuration est un document qui permet à une personne qui est empêchée de charger une autre personne (personne de confiance) de son choix de faire à sa place des démarches et de signer en ses lieux et place. Attention, la personne doit être majeure (ou mineur émancipé) et ne pas être sous protection.

La procuration peut être donnée par le vendeur ou l'acheteur, selon les besoins. Elle peut être utilisée dans différentes situations, par exemple :

- Lorsque le vendeur ou l'acheteur ne peut pas être présent physiquement lors de la signature de l'acte de vente.
- Lorsque l'acheteur ou le vendeur habite à l'étranger et ne peut pas se rendre en France pour la signature de l'acte de vente.

- Lorsque le vendeur ou l'acheteur est en situation de mobilité réduite ou de maladie et ne peut pas se déplacer.
- Lorsque le vendeur ou l'acheteur souhaite simplement déléguer la signature de l'acte de vente à un notaire de confiance.
- Dans tous les cas, la procuration doit être établie avec soin et doit respecter certaines règles.

Comment s'établit la procuration authentique ?

Plusieurs formes de procuration sont possibles :

- elle peut être faite juste entre vous sur papier libre (sous signature privée) ;
- elle peut être faite entre vous, mais avec légalisation de signature en mairie ;
- elle peut être établie par un notaire (acte authentique) ;
- elle peut être établie par le notaire, mais en ligne (procuration avec comparution à distance).

Les documents nécessaires pour rédiger l'acte de vente définitif

- Le titre de propriété : il s'agit du document qui prouve la propriété du bien immobilier et qui est remis par le vendeur.
- Les diagnostics techniques : le vendeur doit fournir un dossier de diagnostics techniques comprenant notamment le diagnostic de performance énergétique (DPE), l'état des risques naturels, miniers et technologiques (ERNMT), le diagnostic termites et autres diagnostics nécessaires.
- Le certificat d'urbanisme : le certificat d'urbanisme est un document délivré par la mairie qui indique les règles d'urbanisme applicables à la parcelle de terrain sur laquelle se trouve le bien immobilier.
- Les justificatifs de charges : le vendeur doit fournir les justificatifs des charges de copropriété et des impôts fonciers.
- Le procès-verbal de l'assemblée générale des copropriétaires : si le bien immobilier est en copropriété, le vendeur doit fournir le procès-verbal de la dernière assemblée générale.
- Le certificat de non-gage : le certificat de non-gage est un document qui atteste que le bien immobilier n'est pas grevé de dettes ou d'hypothèques.
- Le compromis de vente : le compromis de vente est un document qui contient les conditions de la vente. Il est signé par les deux parties avant la signature de l'acte de vente définitif.

- Les pièces d'identité des parties : le notaire doit vérifier l'identité des parties en présence de pièces d'identité valides.

Il est important de noter que cette liste n'est pas exhaustive et que d'autres documents peuvent être nécessaires en fonction de la situation spécifique de chaque vente immobilière. Il est donc recommandé de consulter un notaire pour obtenir une liste complète des documents nécessaires pour la rédaction de l'acte de vente définitif.

Mon bien est en zone « argile gonflante » ?

Si vous possédez un bien immobilier en France situé dans une zone argileuse, vous devez être conscient des risques associés au retrait-gonflement des sols. Ces risques peuvent affecter la valeur de votre propriété et vous exposer à des problèmes juridiques si vous ne prenez pas les précautions nécessaires.

Dans cet article, nous examinerons les mesures que vous devez prendre si vous vendez un bien en zone argileuse en France, ainsi que les risques associés au retrait-gonflement des sols et la loi Elan.

Les risques associés au retrait-gonflement des sols

Les sols argileux sont sensibles aux fluctuations de l'humidité.

Lorsque ces sols sont exposés à des périodes de sécheresse, ils ont tendance à se contracter, ce qui peut causer des fissures dans les fondations et les murs des bâtiments. À l'inverse, lorsque ces sols sont exposés à des périodes de pluie, ils ont tendance à gonfler, ce qui peut provoquer des déformations des fondations et des murs.

Le retrait-gonflement des sols peut donc causer des dommages importants aux bâtiments. Ces dommages peuvent rendre la propriété difficile à vendre et réduire considérablement sa valeur. En outre, les travaux de réparation peuvent être coûteux et prendre du temps.

La loi Elan

La loi Elan, promulguée en 2018, est une loi visant à simplifier et à accélérer les procédures d'urbanisme en France. La loi vise également à protéger les acheteurs de biens immobiliers en exigeant des vendeurs qu'ils fournissent des informations précises sur la qualité des sols dans les zones argileuses.

La loi Elan oblige donc les vendeurs de biens immobiliers situés dans des zones argileuses à fournir une étude géotechnique datant de moins de six mois. Cette étude doit être réalisée par un professionnel certifié et doit inclure une évaluation de la qualité des sols, ainsi que des recommandations pour la construction et la rénovation de bâtiments.

Les vendeurs doivent également fournir une déclaration sur l'honneur attestant qu'ils ont connaissance de la qualité des sols et qu'ils ont pris toutes les mesures nécessaires pour en informer l'acheteur.

Les mesures à prendre en cas de vente d'un bien en zone argileuse

Si vous vendez un bien immobilier en zone argileuse en France, vous devez prendre certaines mesures pour vous assurer que vous respectez la loi Elan et que vous minimisez les risques pour l'acheteur.

Tout d'abord, vous devez faire réaliser une étude géotechnique par un professionnel certifié. Cette étude doit être réalisée dans les six mois précédant la vente de la propriété et doit inclure une évaluation de la qualité des sols et des recommandations pour la construction et la rénovation de bâtiments.

Ensuite, vous devez fournir une copie de l'étude géotechnique à l'acheteur, ainsi qu'une déclaration sur l'honneur attestant que vous avez connaissance de la qualité des sols et que vous avez pris toutes les mesures nécessaires pour en informer l'acheteur.

Plus d'informations ici :
https://www.georisques.gouv.fr/

Mon bien est en zone « amiante environnemental » ?

L'amiante est un minéral fibreux naturel qui a été largement utilisé dans le passé dans la construction de bâtiments en raison de ses propriétés ignifuges, isolantes et résistantes à la corrosion. Cependant, on sait maintenant que l'exposition à l'amiante peut causer des maladies respiratoires graves, telles que le cancer du poumon et la mésothéliome. Bien que la plupart des cas d'exposition à l'amiante soient dus à l'inhalation de fibres d'amiante dans l'air à partir de matériaux de construction contenant de l'amiante, il existe également un risque d'exposition à l'amiante environnemental ou naturel, c'est-à-dire de l'amiante présent dans les roches en place.

L'amiante environnemental se trouve dans les sols, les roches et les formations géologiques naturelles. Les fibres d'amiante peuvent être libérées dans l'air lorsque ces matériaux sont perturbés, tels que lors de travaux d'excavation, de forage ou de dynamitage. Les personnes qui vivent à proximité de sites contenant de l'amiante environnemental peuvent être exposées aux fibres d'amiante inhalées dans l'air ambiant. Les risques pour la santé associés à l'amiante environnemental dépendent de la concentration de fibres d'amiante dans l'air, de la durée de l'exposition et d'autres facteurs tels que la taille, la forme et la composition des fibres.

En France, on peut trouver des formations géologiques contenant de l'amiante environnemental dans plusieurs régions du pays, principalement dans les chaînes de montagne actuelles ou anciennes : Massif Armoricain, Massif Central, Pyrénées, Alpes, Corse, etc.

Bien que l'exposition à l'amiante environnemental soit moins courante que l'exposition à l'amiante dans les matériaux de construction, elle peut être tout aussi dangereuse pour la santé. Il est donc important de prendre des précautions lors de travaux d'excavation ou de forage dans des zones potentiellement exposées à l'amiante environnemental (exemples : extensions de maison, creusement de piscine, etc.). Les travailleurs doivent porter des équipements de protection individuelle, tels que des masques respiratoires, et suivre des procédures de travail sûres pour minimiser le risque d'exposition. Les propriétaires fonciers qui soupçonnent la présence d'amiante environnemental sur leur propriété doivent faire réaliser des évaluations de l'amiante par des professionnels qualifiés (géologues) et mettre en place des mesures appropriées pour minimiser les risques pour la santé.

Bien que non obligatoire, l'information auprès du vendeur de l'absence d'amiante environnemental sur le terrain du bien est clairement une valeur ajoutée. En effet, à l'inverse la présence d'amiante sur le terrain pourrait déprécier sa valeur.

Cette expertise doit être obligatoirement réalisée par un géologue expert de l'amiante environnemental.

Voici un exemple de plateforme pour faire réaliser ce type d'expertise : https://app.bureau-gda.fr/

Chapitre 8: Conclusion

En conclusion, vendre son bien immobilier seul est un processus complexe qui nécessite une préparation minutieuse et une attention constante aux détails. Cependant, avec les conseils présentés dans ce livre, les propriétaires peuvent être mieux équipés pour réussir leur vente et économiser de l'argent sur les honoraires d'agence immobilière.

La première étape pour vendre son bien immobilier seul est de bien comprendre le marché immobilier local et les tendances actuelles. Ensuite, il est important de se concentrer sur la préparation de la propriété pour la vente, en mettant en valeur ses atouts et en résolvant tous les problèmes potentiels.

Une fois que la propriété est prête à être vendue, les propriétaires doivent se concentrer sur la promotion de la propriété auprès des acheteurs potentiels. Cela peut inclure la création d'une annonce accrocheuse, la promotion de la propriété sur les réseaux sociaux et les plateformes immobilières en ligne, et l'organisation de visites.

La négociation avec les acheteurs potentiels est une étape importante du processus de vente. Les propriétaires doivent savoir comment gérer les offres et les contre-offres et être prêts à compromettre pour conclure une vente satisfaisante.

Enfin, la finalisation de la vente nécessite la préparation du compromis de vente et la signature de l'acte de vente chez le notaire. Les propriétaires doivent être prêts à fournir tous les documents nécessaires et à respecter les délais pour que la vente se déroule en toute sécurité.

En somme, vendre son bien immobilier seul peut être une décision judicieuse pour économiser de l'argent et maximiser ses bénéfices. Toutefois, cela nécessite une préparation minutieuse et une attention constante aux détails. Les propriétaires qui suivent les conseils présentés dans ce livre peuvent améliorer leurs chances de réussir leur vente et de conclure une transaction satisfaisante. Bonne chance !

Petit glossaire de termes « immobilier »

Acte authentique : Acte dressé par un officier public, comme un notaire, qui confère une force exécutoire au document.

Acte de vente : Document légal qui transfère la propriété d'un bien immobilier du vendeur à l'acheteur.

Apport personnel : Somme d'argent que l'emprunteur apporte à la banque pour financer l'achat de son bien immobilier.

Assurance emprunteur : Assurance qui garantit le remboursement du prêt immobilier en cas de décès, invalidité ou perte d'emploi.

Bien immobilier : Propriété foncière, qu'elle soit bâtie ou non.

Compromis de vente : Accord juridique conclu entre le vendeur et l'acheteur, qui fixe les conditions de la vente.

DPE : Diagnostic de Performance Énergétique, qui évalue la consommation d'énergie d'un bien immobilier.

Échéancier : Plan de remboursement du prêt immobilier, indiquant les montants et les dates de paiement.

Frais de notaire : Frais liés à l'achat d'un bien immobilier, qui incluent les taxes et les honoraires du notaire.

Garantie décennale : Responsabilité civile décennale qui oblige le constructeur à réparer tout dommage survenant pendant les 10 années suivant la réception des travaux.

Hypothèque : Garantie accordée par un emprunteur à un prêteur sur un bien immobilier, en cas de non-remboursement du prêt.

Indice de référence des loyers (IRL) : Indice qui sert de base à la révision annuelle des loyers des logements d'habitation.

Location-accession : Contrat de location assorti d'une option d'achat, permettant à l'occupant de devenir propriétaire du bien immobilier après une période de location.

Mandat de vente : Contrat signé entre le vendeur et l'agence immobilière, qui donne à cette dernière le mandat de vendre le bien immobilier.

Notaire : Officier public chargé d'authentifier les actes juridiques, notamment les actes de vente immobilière.

Permis de construire : Autorisation administrative nécessaire pour construire un bien immobilier.

Plus-value immobilière : Différence entre le prix de vente d'un bien immobilier et son prix d'acquisition, qui est soumise à une taxation.

Prêt immobilier : Emprunt bancaire destiné à financer l'achat d'un bien immobilier.

Promesse de vente : Contrat par lequel le vendeur s'engage à vendre son bien immobilier à l'acheteur, moyennant un prix déterminé.

Taux d'intérêt : Pourcentage appliqué au capital emprunté dans le cadre d'un prêt immobilier, qui détermine le coût du crédit.

Taxe foncière : Impôt sur la propriété foncière, payable par le propriétaire du bien immobilier.

Taxe d'habitation : Impôt sur l'occupation d'un logement, payable par l'occupant ou le propriétaire du bien immobilier.

Vos notes

....

....

....

....

....

....

....

....

....

....

....

....

....

....